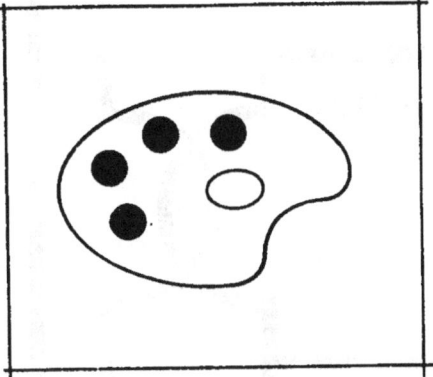

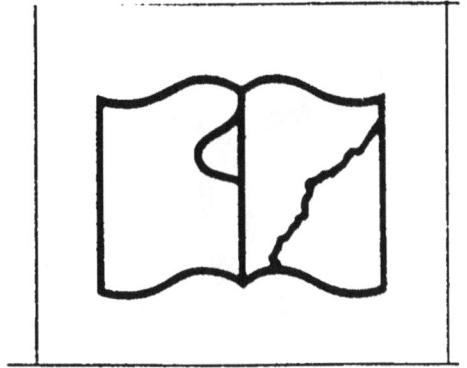

Comtesse DE HOUDETOT

NOUVEAU

PARIS

79, BOULEVARD SAINT-GERMAIN 79

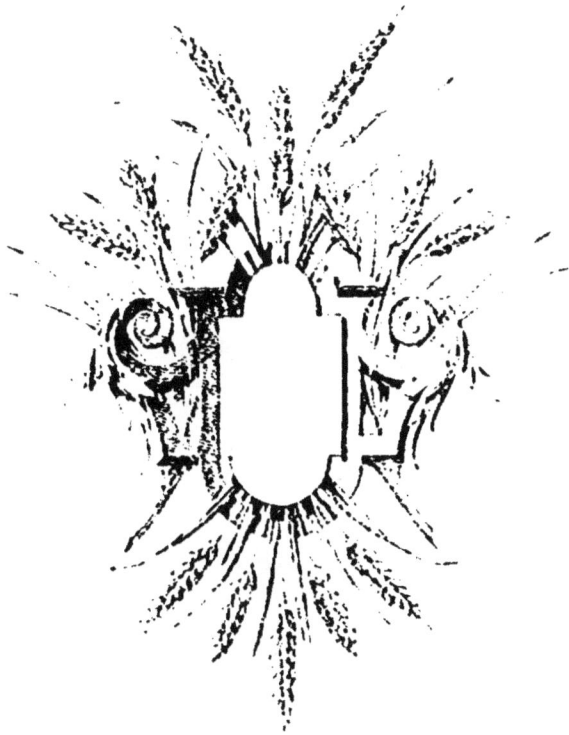

NOUVEAU

THÉATRE D'ÉDUCATION

BOURLOTON. — Imprimeries réunies, B.

BIBLIOTHÈQUE
DES ÉCOLES ET DES FAMILLES

NOUVEAU
THÉATRE D'ÉDUCATION

PAR

LA COMTESSE DE HOUDETOT

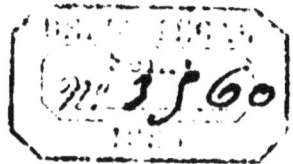

PARIS

LIBRAIRIE HACHETTE ET Cⁱᵉ

79, BOULEVARD SAINT-GERMAIN, 79

1885

Droits de propriété et de traduction réservés

POUR LA PATRIE!

DRAME PATRIOTIQUE EN 4 TABLEAUX

MARGUERITE LIÉBACH, receveuse des postes, 22 ans.
JEAN LIÉBACH, dit le Père la Victoire, grand-père de Marguerite.
GUDULE, vieille femme.
ROSE, jeune fille, fille de la précédente.
MADAME DE SAINT-ROMAIN.
SŒUR BARBE, sœur de charité.
MADAME MULLER, cantinière prussienne.
FLEURETTE, petite fille au service de Marguerite.
MARIE, vieille fille.
THÉRÈSE, jeune fille.
MATHILDE, jeune femme.
FANCHON, veuve au service du maire.

POUR LA PATRIE!

PREMIER TABLEAU

UN VILLAGE ALSACIEN PENDANT LA GUERRE DE SOIXANTE-DIX

La scène représente une terrasse; à la droite du spectateur le parapet de cette terrasse se prolongeant jusqu'à une porte de sortie; à gauche une maison sur laquelle est écrit : POSTES ET TÉLÉGRAPHES. Une boîte aux lettres est suspendue près de la porte.

SCÈNE PREMIÈRE

Au lever du rideau, Jean Liébach, dit le Père la Victoire, est assis sur un fauteuil dans le fond du théâtre; il est vêtu d'une robe de chambre grise et coiffé d'un bonnet de police.

LE PÈRE LA VICTOIRE.

Ma petite-fille ne revient pas; je lui avais pourtant bien recommandé de faire son possible pour couper court aux

pleurnicheries des femmes. Nos pauvres mobilisés n'ont pas
besoin de cela pour leur ôter leur courage ! Des enfants qui
étaient hier à la charrue et qui seront demain au feu!... Misère du temps ! Faut pas que ces femmes gâtent encore la
position, qui n'est point belle, par leurs larmes et leurs cris;
il n'y a rien de pis pour amollir le cœur des conscrits, et les
nôtres, quoiqu'ils fassent bonne contenance, sont déjà impres-
sionnés par nos défaites. Ah ! les femmes, les femmes ! c'est
très gentil pendant la paix, mais en temps de guerre faudrait
pouvoir les noyer toutes; excepté ma petite-fille Marguerite,
une vraie fille de soldat, élevée par des soldats. Ah! elle a
reçu une bonne éducation, je puis m'en vanter; matin et soir
une prière pour la France et l'*Histoire des guerres de l'Em-
pire*, mes guerres à moi, mise dans ses mains dès qu'elle a
su épeler... C'est-à-dire que je regrette de n'en avoir pas fait
une cantinière au lieu d'une receveuse des postes; malheureusement, elle était trop instruite, trop demoiselle en un
mot, pour le régiment, et j'ai eu peur que l'âme de ma défunte
belle-fille ne revînt pour me le reprocher. J'ai jamais craint
les vivants, moi, un vieux grenadier de la garde qu'on a sur-
nommé le Père la Victoire : c'eût été un peu drôle ! mais pour
dire vrai, je ne suis pas très crâne avec les défunts. (*Il prête
l'oreille.*) Il me semble que j'entends une rumeur du côté de
la place de l'Église ? et Marguerite qui ne revient pas ! (*On
entend un roulement de tambour.*) Ah ! le tambour!... (*Il se
lève.*) Ce sont les mobilisés qui se mettent en route. (*Il chante
ou récite :*)

> Mais qu'entend-il? le tambour qui résonne !
> Il voit au loin passer un bataillon;
> Le sang remonte à son front qui grisonne,
> Le vieux coursier a senti l'aiguillon [1].

Je vais essayer de me traîner jusqu'au parapet de la ter-

---

1. *Le Vieux Sergent*, chanson de Béranger.

rasse... je veux voir passer les conscrits dans le chemin creux. (*Il marche péniblement, appuyé sur un bâton et va s'accouder sur la balustrade.*) Là, m'y voici... J'aperçois à travers les arbres à demi dépouillés le drapeau tricolore aux éclatantes couleurs qui se gonfle doucement au souffle du vent. (*D'une voix attendrie*). Ah! cher drapeau! noble étendard! toi que j'ai vu briller comme un arc-en-ciel triomphant sur les champs de batailles d'Austerlitz et d'Iéna, nous mèneras-tu encore à la victoire?... Que ne puis-je te suivre sur mes jambes tremblantes et mourir sous tes plis sacrés comme un vieux nautonier s'affaisse au pied du mât, à l'ombre de la voile qui abrita sa vie entière.

SCÈNE II

LE PÈRE LA VICTOIRE, MARGUERITE, FLEURETTE, GUDULE, ROSE, THÉRÈSE, MARIE, MATHILDE. Cette dernière porte un enfant nouveau-né dans ses bras; toutes les femmes entrent en courant, guidées par Marguerite; elles portent le costume alsacien.

MARGUERITE, *d'un ton très animé.*

Venez, venez; ils vont passer dans le chemin sous notre terrasse.

FLEURETTE.

Dépêchons-nous.

MATHILDE, *tristement.*

Tu en parles à ton aise, fillette, tu n'as pas un enfant sur les bras et un gros chagrin dans le cœur. Ah! mon pauvre Pierre!

FLEURETTE.

Vous allez le voir encore, Mathilde. (*Lui montrant une place.*) Tenez, mettez-vous là.

MATHILDE, *amèrement.*

Oui, le voir encore une minute et puis peut-être plus jamais ! Ah ! Seigneur Jésus !

GUDULE, *à Mathilde.*

Ne vous faites pas de ces idées-là, ma chère, pensez à votre nourrisson.

MATHILDE, *embrassant son enfant.*

Malheureux enfant ! auras-tu un père pour t'élever ?

ROSE.

Sainte Vierge ! le cœur me défaille !

GUDULE.

Dieu merci, je n'ai pas de fils.

FLEURETTE.

Bah ! si vous en aviez eu un, vous l'auriez caché dans les marécages, comme le prétendu à votre fille, après lequel court toute la gendarmerie du pays.

GUDULE, *avec colère.*

Te tairas-tu, vermine !

MARGUERITE.

Allons, paix ! paix ! (*Au Père la Victoire.*) Comment, grand-père, vous debout !... C'est la première fois depuis deux ans que je vous vois quitter votre fauteuil sans aide.

LE PÉRE LA VICTOIRE.

Que veux-tu, mon enfant ! c'est le bruit du tambour qui m'a soulevé.

GUDULE, *ironiquement.*

Voyez-vous ça !... A nos âges on devrait être plus raisonnable, Père la Victoire.

LE PÈRE LA VICTOIRE.

Le ciel me préserve d'être raisonnable à votre manière, l'ancienne.

GUDULE, *avec humeur.*

Ma foi, gardez la vôtre, si ça vous plaît, vieil entêté.

MARIE.

Ce n'est point l'heure de se quereller, mère Gudule, alors que nos frères et nos maris partent pour cette terrible guerre qui se fait si près de nous.

THÉRÈSE.

Vous dites bien, hélas! ma chère, car les Prussiens ne sont pas loin. Il paraît que l'autre jour, au bourg, on entendait le canon pendant le marché; la mère Mathurine en a été si saisie qu'elle s'est mise au lit en rentrant et qu'elle y est encore avec une forte fièvre pour lui tenir compagnie.

GUDULE, *sentencieusement.*

Oui, et elle est revenue de son marché sans avoir vendu son veau, ce qui est une grosse bêtise par ce temps de réquisition où, d'un instant à l'autre, on peut vous prendre votre bétail pour rien ou presque rien.

MARIE.

Tiens, vous avez grandement raison et je n'y avais seulement pas songé! Je vas vendre ma vache, si je puis.

MARGUERITE, *avec indignation.*

C'est bien le moment de penser à vos intérêts quand la France agonise!... Faire du commerce en 1870.

MARIE.

Dame! faut bien manger en 1870.

THÉRÈSE.

C'est vrai ça, pourtant.

MATHILDE, *douloureusement.*

Qui nourrira mon pauvre petit, s'ils me tuent son père?
Ah! guerre maudite!... Maudits soient ceux qui l'ont faite!

LE PÈRE LA VICTOIRE, *à Mathilde.*

Voyons, ma fille, il faut bien qu'il y ait des guerres, puisque
c'est comme ça depuis le commencement du monde. Tâchez
de vous faire une raison.

MATHILDE.

Je ne peux pas, père la Victoire, je ne peux pas.

LE PÈRE LA VICTOIRE.

Voyez-moi mon petit-fils Daniel... (*Montrant Marguerite.*)
son fiancé, il est parti depuis longtemps.

MARGUERITE, *fièrement.*

Oui, parti le premier, soldat volontaire.

LE PÈRE LA VICTOIRE.

En effet, il pouvait rester, comme soutien de famille; il ne
l'a pas voulu, il a bien fait, et la bénédiction de son vieux
grand-père l'accompagne.

GUDULE, *ironiquement.*

C'est-à-dire, pauvre garçon, vous lui avez brouillé la cer-
velle à vous deux, que c'est une pitié! Certes, vous pouvez
vous vanter d'avoir fait un beau coup en l'envoyant se faire
casser la tête sans y être obligé; je vous en offre tous mes
compliments.

FLEURETTE, *d'un ton narquois.*

Ne les offrez pas, mère Gudule, car on ne vous en rendra
guère de cette sorte.

GUDULE, *avec colère à Fleurette.*

Encore toi, vilaine enfant trouvée, qui, sans Marguerite et son bon-papa, serait une mendiante! Ça ose parler, et ça n'a pas seulement un extrait de baptême en règle.

FLEURETTE.

J'aime mieux ne pas avoir de parents du tout, que d'en avoir qui vous ressemblent.

GUDULE, *furieuse.*

Entendez-vous l'insolente?

LE PÈRE LA VICTOIRE.

Laissez cette petite, Gudule, vous savez qu'elle est sous notre protection et fait quasiment partie de la famille depuis que ma petite-fille l'a prise avec elle.

GUDULE.

Oui, ramassée au bord du chemin où des saltimbanques, des propres à rien comme elle, l'avaient abandonnée.

MARIE.

C'est assez, Gudule, vous êtes trop querelleuse aussi.

GUDULE.

Pourquoi qu'on me cherche noise? On devrait respecter un personne d'âge.

ROSE.

Allons, mère, ne vous fâchez pas.

MARIE, *à Gudule.*

Vous êtes la première à inventer les sujets de dispute.

GUDULE.

C'est pas vrai!

MARGUERITE, *qui depuis un moment se penche sur la balustrade.*

Silence, silence! les voilà.

THÉRÈSE.

Oui, ce sont eux. (*On entend le tambour, puis le chant de la Marseillaise, ou tout autre chant patriotique.*)

MARIE.

Regardons.

MARGUERITE.

Les voyez-vous, grand-père?

LE PÈRE LA VICTOIRE.

Ah! je voudrais pouvoir les suivre et je n'ai jamais tant regretté ma jeunesse.

THÉRÈSE.

C'est mon frère Jacques qui marche devant avec le curé. Adieu, Jacques; au revoir, pauvre frère, si Dieu le permet.

MARIE.

Et mon cousin Jean, le dernier de la famille; tous les autres dorment au cimetière; y reposera-t-il, celui-là?

MATHILDE.

Et mon mari? Ah! le voilà!... Ah! mon Pierre, mon cher Pierre!... (*A son enfant.*) Regarde, mon petit, regarde ton père. Hélas! il dort le pauvre innocent et son père marche peut-être à la mort!... Seigneur Dieu! vous permettez ces choses-là et qu'on m'arrache celui que j'ai épousé en face de vos saints autels? Pierre, Pierre!... il m'a regardée, le cœur me fend.

LE PÈRE LA VICTOIRE.

Retenez vos pleurs, femmes. Il ne faut point troubler ceux qui vont défendre la patrie. (*Levant son bonnet; d'une voix solennelle.*) Vive la France! (*Chant de la Marseillaise à la cantonade, première strophe et refrain.*)

MARGUERITE, *chantant ou déclamant.*

> Amour sacré de la patrie,
> Conduis, soutiens nos bras vengeurs.
> Liberté! liberté chérie!
> Combats avec tes défenseurs;
> Sous nos drapeaux que la victoire
> Accoure à nos mâles accents;
> Que nos ennemis expirants
> Voient ton triomphe et notre gloire.

LES MOBILISÉS, *à la cantonade.*

> Aux armes, citoyens, etc.

(*Les voix se perdent dans l'éloignement.*)

MARGUERITE, *d'une voix attendrie.*

Les voilà qui disparaissent derrière le coteau. Adieu, chers amis, revenez victorieux.

MATHILDE, *en sanglotant.*

Ah! mon Pierre, mon cher mari! reviens, c'est tout ce que je te demande.

THÉRÈSE.

Adieu, mon frère.

MARIE.

Adieu, pays.

TOUTES LES FEMMES.

Adieu, adieu! (*Elles pleurent et agitent leurs mouchoirs.*)

MATHILDE, *d'une voix altérée.*

Miséricorde! il me semble que je vais mourir!... Prends mon enfant, Rose; je ne peux plus le tenir.

ROSE, *bas à Mathilde.*

Ah, Mathilde ! il vaut mieux pleurer de chagrin que de honte.

MATHILDE, *d'une voix plus faible.*

Tout tourne autour de moi.

ROSE.

Aidez-moi à la soutenir ; elle s'évanouit, la pauvre créature.
(*Toutes les femmes s'empressent autour de Mathilde.*)

MARIE.

Faites-la rentrer.

THÉRÈSE.

Oui, ce sera mieux. Fleurette, porte le petit, toi.

FLEURETTE.

Volontiers.

MARGUERITE.

Avez-vous besoin de moi ?

THÉRÈSE.

Non, c'est inutile, Fleurette me suffira. (*A Fleurette.*)
Prends-la sous un bras, maintenant emmenons-la !

GUDULE.

Il faut lui faire respirer du vinaigre, lui en frotter les
tempes et le creux des mains.

ROSE.

On le fera, mère. (*Mathilde sort accompagnée de Thérèse et
de Fleurette qui la soutiennent.*)

SCÈNE III

LE PÈRE LA VICTOIRE, MARGUERITE, GUDULE, MARIE.

MARGUERITE.

Venez, grand-père, que je vous installe dans votre fauteuil, vous devez être fatigué. (*Elle lui donne le bras et le ramène à son fauteuil.*)

LE PÈRE LA VICTOIRE.

Un peu, mon enfant; les émotions sont mauvaises à mon âge.

MARGUERITE, *avec sollicitude.*

Vous sentez-vous malade?

LE PÈRE LA VICTOIRE.

Non, pas malade, mais très faible.

MARGUERITE.

Si vous preniez un doigt de vin? de ce vin que m'a apporté l'autre jour Fanchon, la servante de M. le maire? J'en ai là une bouteille entamée.

LE PÈRE LA VICTOIRE.

Je veux bien, si ça te fait plaisir.

MARGUERITE.

Je vais vous le chercher.

LE PÈRE LA VICTOIRE.

Va, bonne fille.

SCÈNE IV

LE PÈRE LA VICTOIRE, GUDULE, MARIE. Les deux femmes, qui ont fait un aparté muet pendant le précédent dialogue, s'avancent sur le devant de la scène en causant et semblent avoir complètement oublié le vieillard, qui est assis dans son fauteuil un peu à l'écart.

GUDULE, *à Marie.*

Avec tout ça, l'ouvrage chôme terriblement et j'ai pas seulement épluché mes légumes pour ma soupe.

MARIE.

Et moi qui ai oublié de donner sa luzerne à ma vache !... Elle est capable de ne pas vouloir manger, maintenant que son heure est passée.

GUDULE, *en riant.*

On voit bien que c'est une bête à une vieille fille, c'est maniaque comme maîtresse.

MARIE.

La bonne idée !... Et vous, qu'avez-vous fait de votre rousse ?

GUDULE.

Je l'ai vendue la semaine dernière; je vous l'ai dit, faut pas garder des bêtes à cette heure.

MARIE.

Vous êtes une femme avisée; et vos grains, vous en êtes-vous aussi débarrassée ?

GUDULE.

Ne m'en parlez pas ! c'est ce qui fait mon ennui; le marchand de Charleville qui passe toujours ici vers l'époque où nous sommes n'est pas encore venu ; cette maudite guerre dérange tout. Peut-être que cet homme croit le village déjà occupé par les Prussiens.

MARIE.

Il fallait lui écrire un mot de lettre pour vous en assurer.

GUDULE.

Hélas ! je ne sais point écrire et ma fille Rose n'a l'esprit à rien depuis que son prétendu est pourchassé comme un loup par la gendarmerie.

MARIE.

Vous auriez mieux fait de laisser partir Théophile avec les autres, ma chère.

GUDULE.

Ça se peut ; j'ai cru faire pour le mieux. Feu ma mère m'a souvent raconté que, du temps du premier Empereur, il y avait beaucoup de réfractaires qui se cachaient dans les bois et dans les marais et qui se sont fort bien tirés d'affaire en fin de compte. Pour en revenir à mon marchand de grains, je comptais prier Marguerite de lui écrire la lettre que je veux lui adresser, mais elle a la tête tellement montée, ce matin, par le départ des mobilisés que je n'ose pas le lui demander ; elle est capable de me refuser, sous prétexte que je m'occupe trop de mes affaires quand la France agonise, comme elle dit. (*Ironiquement*). On croirait, ma parole, qu'elle parle d'une personne vivante !... avec ça que ça signifie quelque chose ces phrases-là ; un pays, qu'est-ce que c'est ?... des prés, des champs, des bois les uns au bout des autres et pas seulement une méchante barrière pour marquer où commence le pays des étrangers et où finit le nôtre ?

MARIE, *avec étonnement.*

Comment! et la frontière?... Est-ce qu'il n'y a pas une muraille à cet endroit-là?

GUDULE.

Pas plus que sur la main!... Ainsi vous voyez...

LE PÈRE LA VICTOIRE, *frappant le sol de sa canne.*

Eh! les commères! Avez-vous bientôt fini de dire des bêtises?

GUDULE.

Fichtre! le vieux qui nous entendait!... Je l'avais oublié. Bon, bon, ne vous échauffez pas, Père la Victoire. (*A Marie.*) Allons causer plus loin. Je reviendrai tantôt pour demander à Marguerite de me faire ma lettre; elle sera peut-être mieux disposée.

MARIE.

Oui, allons-nous-en. C'est assez perdre notre temps. (*Elles sortent.*)

SCÈNE V

LE PÈRE LA VICTOIRE, puis MARGUERITE
portant un verre.

LE PÈRE LA VICTOIRE.

Ah! si je ne me sentais pas si faible!... j'aurais volontiers donné une leçon de patriotisme à ces deux sorcières avec ma béquille d'invalide.

MARGUERITE.

Je suis fâchée de vous avoir tant fait attendre. Je ne pouvais trouver la bouteille; enfin voilà votre vin; buvez tout de suite, cher bon-papa.

LE PÈRE LA VICTOIRE.

Oui, ma fille; le vin, c'est le lait des vieillards, dit le proverbe. (*Il lève son verre.*) A la santé des enfants du village dont nous venons de recevoir les adieux. (*Il boit puis rend son verre à Marguerite.*) Ça ragaillardit le cœur; maintenant donne-moi ma bouffarde; elle a toujours été ma consolation dans mes peines.

MARGUERITE, *lui donnant sa pipe et son tabac.*

Voilà votre pipe et votre tabac. Tandis que vous fumerez, je vais me mettre à côté de vous à faire de la charpie.

LE PÈRE LA VICTOIRE.

Et ton courrier?

MARGUERITE.

Il n'est pas arrivé ce matin.

LE PÈRE LA VICTOIRE.

C'est mauvais signe.

MARGUERITE.

Je pense comme vous et je crains bien que les Prussiens n'aient coupé les communications postales.

LE PÈRE LA VICTOIRE.

Et le télégraphe?

MARGUERITE.

La ligne est libre jusqu'au bureau de transmission, mais rien ne vient. M. le maire m'a déjà envoyé trois fois Fanchon pour me demander si je n'avais pas de dépêche.

LE PÈRE LA VICTOIRE.

Pourquoi donc envoie-t-il Fanchon? N'a-t-il pas le secrétaire de la mairie et le garde champêtre pour faire ses commissions officielles?

MARGUERITE.

Ils sont partis hier au soir, avec tout ce qui restait d'hommes valides au village, pour aider au passage d'un convoi de munitions qui se replie sur Paris. Il n'y a plus, en fait d'hommes, à Sainte-Claude, que vous, le père Jacob et Gringoire, le garçon meunier qui s'est cassé la jambe le mois dernier.

LE PÈRE LA VICTOIRE.

Il en doit être ainsi en temps de guerre. Mais es-tu sûre, ma fille, d'entendre la sonnette du télégraphe de la place où tu es? Il faut veiller sur ton fil.

MARGUERITE.

Soyez tranquille, grand-père; j'entends la sonnette d'ici aussi bien que de mon bureau. Me croyez-vous capable de négliger mon devoir lorsqu'il s'agit du service de la France? J'aurais bien mal profité de vos exemples et de vos leçons.

LE PÈRE LA VICTOIRE.

Non, mon enfant, non, je ne te fais pas cette injure. Allons, puisque nous sommes seuls, laisse là ton ouvrage et redis-moi ces vers que tu fis l'autre jour pour un soldat volontaire.

MARGUERITE.

Ne préférez-vous pas dormir un peu?

LE PÈRE LA VICTOIRE.

Non, je veux entendre encore une fois ces vers.

MARGUERITE.

Mais je vous les dirai autant de fois que vous le désirerez, cher grand-père; le temps ne nous manque pas.

LE PÈRE LA VICTOIRE.

Parle pour toi, petite ; à mon âge, c'est toujours le temps qui fait défaut pour tout.

MARGUERITE.

Oh ! grand-père ! quelle triste parole !...

LE PÈRE LA VICTOIRE.

C'est comme cela, mon enfant, il est inutile de se faire des illusions. Allons, commence, je te prie.

MARGUERITE.

M'en souviendrai-je seulement ?

LE PÈRE LA VICTOIRE.

Essaye toujours.

MARGUERITE. (*Elle récite.*)

En paix je labourais la terre,
Pauvre, mais libre et sans souci.
Des marins m'ont dit : Viens Jean-Pierre,
Pour voir le monde. — Non, merci.

J'aime mieux le grand pâturage,
Les prés, les champs et l'horizon
Qu'on aperçoit de mon village
Différents selon la saison.
Sous la neige, sous la verdure,
Pour moi c'est encore du nouveau
Toutes les fois que la nature
Veut bien retourner son manteau.

Un jour, s'en allant à la guerre,
Je vis défiler des conscrits
Ils me dirent : Veux-tu, Jean-Pierre,
Venir conquérir un pays ?

— Passez, passez, point de conquête,
Je crois que l'on n'y gagne rien;
Ne vous déplaise, je m'entête
Seulement à garder mon bien.
Sans doute, mon avoir est mince,
Mais il peut tenter un voisin :
Comme l'on prend une province,
Il peut me prendre mon raisin.

Les anciens, buvant sous la treille,
Des braves vantaient le trépas;
Moi je disais : C'est à merveille,
Mais les autres dorment là-bas.

Je préfère dans ma chaumière,
Content de tout, vivant de peu,
Voir autant de fois la lumière
Que le permettra le bon Dieu.
Je veux élever ma famille
Et ne pas mourir tout entier,
En fait de laurier, que ma fille
Mette du buis au bénitier.

Dédaignant ces songes de gloire,
Près du foyer tranquille et doux,
Je comptais comme une victoire
Un peu de bien-être chez nous.

Que m'importait donc la querelle
Des princes, des grands et des rois!
Pourvu que la saison fût belle,
Heureux, comme un oiseau des bois,
Je chantais et ne pensais guère,
En rentrant mes blés et mon foin,
Qu'on faisait la paix ou la guerre.
Que voulez-vous? c'était si loin.

Mais voici que dans nos campagnes
Un grand bruit se répand soudain;

Dans les vallons, sur les montagnes
Tel gronde un tonnerre lointain.

Tout frémit, comme avant l'orage,
On sent que le malheur est là.
Personne n'en sait davantage,
Mais chacun a dit : Le voilà!
Quel sera ce fléau terrible?
Peste, guerre, sédition?
On attendait l'hôte invisible :
Il vint! ce fut l'invasion.

L'étranger, l'étranger s'avance,
Il fond sur nous de toutes parts ;
Levons le drapeau de la France,
Seul, contre tous les étendards.

Les cloches sonnaient l'agonie,
Les nuages semblaient en deuil.
Je me disais : C'est la patrie
Dont l'étranger passe le seuil!
Une voix cria dans mon âme :
Laisse là ton sarrau, tes outils!
C'était comme une voix de femme
Je dis : « Mère, voici ton fils! »

LE PÈRE LA VICTOIRE.

Merci, ma mignonne. Je ne suis pas grand clerc et ne puis guère juger ton petit poème, mais je suppose qu'il n'est point parfait; néanmoins je le tiens pour fort beau, parce que c'est toi qui l'as composé et le patriotisme qui l'a inspiré.

MARGUERITE.

Vous êtes indulgent, bon-papa. Je ne me fais pas d'illusion sur le mérite de mon œuvre. Mais qui nous arrive donc là? Ah! c'est Fanchon.

SCÈNE VI

LES MÊMES, FANCHON.

FANCHON, *l'air préoccupé.*

Bien le bonjour, Père la Victoire, et vous mademoiselle Marguerite.

LE PÈRE LA VICTOIRE.

Bonjour, Fanchon.

MARGUERITE.

Vous venez encore pour M. le maire, je parie? Il n'y a rien, ma chère, le télégraphe est muet depuis hier.

FANCHON.

Je viens bien pour M. le maire, mais pas à propos de ce que vous croyez. Il m'a chargée d'une vilaine commission, allez!... Mais, d'abord, avez-vous vu Rose ou sa mère aujourd'hui?

MARGUERITE.

Rose? Elle a été accompagner chez elle la pauvre Mathilde qui était dans un état à faire pitié, et Gudule se trouvait encore ici il y a un instant; je pense qu'elle est partie avec Marie.

LE PÈRE LA VICTOIRE.

Oui, oui, elles sont parties ensemble.

FANCHON.

Et vous supposez que Gudule est rentrée chez elle?

LE PÈRE LA VICTOIRE.

Ma foi ! elle a dit qu'elle allait faire sa soupe.

FANCHON.

Et vous croyez que sa fille est partie d'un autre côté ?

MARGUERITE.

Mais oui ! Voyons, Fanchon, à qui en avez-vous ? Est-ce à la mère ou à la fille ? On dirait que vous êtes toute troublée ?

FANCHON.

Je préfère parler à la mère, et si je suis troublée, c'est qu'il y a de quoi. Ce n'est pas un compliment de bonne année que je vais porter à la vieille Gudule.

MARGUERITE.

Aurait-on arrêté le prétendu de Rose ?

FANCHON.

Oh ! il ne risque plus d'être attrapé, celui-là !... Tenez, voilà une dépêche de M. le maire qu'il faut faire partir tout de suite ; elle vous apprendra ce qui en est. (*Elle lui remet un papier.*) Vous pouvez lire tout haut, ce n'est pas un secret, puisque, au contraire, monsieur le maire m'a chargée de l'annoncer. (*Tristement.*) Pauvre Théophile ! c'en est fait de lui.

SCÈNE VII

LES MÊMES, GUDULE.

GUDULE, *d'un ton brusque.*

Théophile ? qui parle de Théophile ?

MARGUERITE, *à Gudule, après avoir lu la dépêche.*

Ne criez pas si fort; il ne faut pas que votre fille apprenne son malheur aussi brusquement.

GUDULE, *avec inquiétude.*

Quoi donc? Que lui est-il arrivé? Hier encore, je le sais, il était fort gai et content dans une cabane de roseaux tout au milieu du marécage; et je lui ai bien fait recommander de ne point aller du côté des terrains mouvants.

MARGUERITE, *s'animant.*

Gai et content! Un réfractaire! un traître à la patrie!... (*D'une voix sombre.*) Eh bien! ce matin il est mort.

GUDULE ET LE PÈRE LA VICTOIRE.

Mort?

MARGUERITE, *avec éclat.*

Oui, mort dans la boue!

FIN DU PREMIER TABLEAU.

DEUXIÈME TABLEAU

L'INVASION

Même décor qu'au premier acte.

SCÈNE PREMIÈRE

MADAME DE SAINT-ROMAIN, LA SŒUR BARBE. Elles portent sur leurs vêtements l'insigne de la croix rouge de la Société de secours aux blessés.

MADAME DE SAINT-ROMAIN.

Venez par ici, ma sœur; nous finirons bien par trouver quelqu'un; ce village ne peut être entièrement désert.

SŒUR BARBE.

Je vous suis, madame.

MADAME DE SAINT-ROMAIN, *montrant la maison.*

Tenez, voilà la maison du bureau de poste; nous ne pouvions mieux tomber pour demander les renseignements dont nous avons besoin pour continuer notre route; mais je suis bien aise de n'avoir pas laissé monter la voiture, cette côte est d'un raide!

SŒUR BARBE.

Oui, et le moindre accident amène des retards considérables. Quand on pense à tous ces pauvres blessés presque sans secours et sans consolation, on se sent pris d'une sainte impatience.

MADAME DE SAINT-ROMAIN.

Croyez que la mienne est égale à la vôtre, ma chère sœur : je ne puis penser à tant de souffrances sans frémir et j'ai encore dans la mémoire les termes de la dernière lettre de mon mari, le général de Saint-Romain; elle était pleine de détails navrants sur la situation des blessés, l'insuffisance des ambulances. Enfin, hâtons-nous d'apporter notre aide, si faible qu'elle soit, à ces maux immenses. Je vais frapper à cette porte. Mais, tiens! voilà une femme qui arrive derrière nous; sans doute elle nous aura suivies.

SŒUR BARBE.

En effet, il me semble que j'ai entrevu cette figure à une fenêtre dont le rideau s'est baissé précipitamment quand nous sommes passées.

MADAME DE SAINT-ROMAIN.

Laissons-la approcher : elle s'avance avec circonspection, et on dirait que chez elle le sentiment de la curiosité lutte avec celui de la crainte. Gardons-nous surtout de l'appeler de loin, elle serait capable de s'enfuir.

SŒUR BARBE.

Oui, il vaut mieux lui donner le loisir de nous examiner un peu; je compte sur votre aspect et sur mon costume pour la rassurer.

SCÈNE II

LES MÊMES, MARIE.

MARIE, *à part, en regardant Mme de Saint-Romain et la sœur Barbe d'un air soupçonneux.*

Qui ça peut-y être, ces gens-là?... On dit qu'il y a des hulans qui prennent toutes sortes de déguisements pour venir voir à l'avance dans les villages ce que leurs camarades trouveront à y piller... des manières d'espions qu'on les nomme... Allons, faut se méfier.

MADAME DE SAINT-ROMAIN, *à Marie.*

Ma bonne dame, je suis fort contente de vous voir, car voilà une demi-heure que nous errons dans ce village sans rencontrer âme qui vive.

MARIE.

Je ne suis pas une dame, je suis une demoiselle. (**A** *part.*) J'ai peut-être tort de lui dire cela.

MADAME DE SAINT-ROMAIN.

Il importe peu; mais enfin, mademoiselle, pourriez-vous m'apprendre comment se nomme cet endroit?

MARIE, *d'un air contraint.*

Je ne sais pas.

MADAME DE SAINT-ROMAIN.

C'est singulier. (*A sœur Barbe.*) Sans doute elle est étrangère comme nous; c'est jouer de malheur.

SŒUR BARBE, *à Madame de Saint-Romain.*

Ce n'est pas bien sûr!... la défiance habituelle des paysans est doublée par l'état de guerre et cette femme pourrait bien en savoir plus qu'elle n'en dit.

MADAME DE SAINT-ROMAIN, *à sœur Barbe.*

Vous avez peut-être raison; je vais essayer encore d'en tirer quelques renseignements. (*A Marie.*) Connaissez-vous le chemin de traverse conduisant directement à la grand'route de Nancy?

MARIE.

Connais pas, madame. (*A part.*) Une espionne, bien sûr.

MADAME DE SAINT-ROMAIN.

Puisque vous ne pouvez pas nous donner les indications dont nous avons besoin, vous ne refuserez pas sans doute de nous fournir un déjeuner?... qui vous sera payé, bien entendu.

MARIE, *à part.*

Bon, une réquisition! (*Haut, d'un ton lamentable.*) Ah! madame! nous n'avons rien mangé au village depuis quinze jours!

SŒUR BARBE.

Depuis quinze jours!... en voilà un jeûne prolongé.

MADAME DE SAINT-ROMAIN, *à sœur Barbe.*

Le mensonge est palpable cette fois; l'honnête villageoise se moque de nous.

SŒUR BARBE.

Non, madame, elle nous prend seulement pour ce que nous ne sommes pas.

MADAME DE SAINT-ROMAIN, *à Marie avec impatience.*

Au moins, donnez-nous à boire, nous mourons de soif.

MARIE.

A boire!... pauvre de moi!... mais il n'y a pas plus à boire qu'à manger dans ce village de désolation, le plus misérable de toute la chrétienté.

MADAME DE SAINT-ROMAIN, *à Marie.*

Enfin, vous avez bien une fontaine?... Je ne vous demande que de m'y conduire.

MARIE, *avec effroi.*

Vous conduire à la fontaine!... C'est bien prouvé maintenant, ce sont des hulans et ils veulent empoisonner la fontaine

pour nous faire mourir tous. (*Elle crie.*) Au secours! au secours!

MADAME DE SAINT-ROMAIN, *à Marie.*

Mais taisez-vous donc!

SŒUR BARBE, *à Marie.*

Ne voyez-vous pas que vous faites erreur.

MARIE, *criant.*

Au secours! au secours!

SCÈNE III

LES MÊMES, MARGUERITE.

MARGUERITE, *à Marie.*

Qu'y a-t-il donc?... C'est vous, Marie, qui faites ce tapage?
Vous allez réveiller bon-papa.

MARIE, *à Marguerite.*

Il s'agit bien de cela!... Les hulans! les hulans! ils sont
ici, ils demandent le chemin de la fontaine pour empoisonner
les eaux.

MADAME DE SAINT-ROMAIN, *à sœur Barbe.*

Cette extravagante va nous faire avoir quelque désagré-
ment.

MARGUERITE, *à Marie, en regardant tout autour d'elle
d'un air étonné.*

Les hulans? où ça, les hulans?

MARIE, *désignant Madame de Saint-Romain et sœur Barbe.*

Là, vous ne les voyez pas? déguisés en dame et en bonne
sœur?

MARGUERITE, à *Marie*, *vivement*.

Vous êtes folle ! (*A Madame de Saint-Romain et à sœur Barbe.*) Madame, et vous, ma sœur, veuillez l'excuser, elle a perdu l'esprit.

MARIE, à *Marguerite*.

Ainsi, vous croyez que c'est une vraie dame et une vraie sœur ?

MARGUERITE, à *Marie*.

Certainement, et je vous engage à leur demander pardon de votre sotte méprise.

MARIE, *d'un ton niais.*

Oh ! mais oui, alors !... Je me suis trompée ; il n'y a que le bon Dieu qui ne se trompe point. Tout de même, pardon excuse, madame, et vous, ma sœur ; je n'y ai point mis de malice au moins, vous pouvez le croire, et si j'avais su...

MADAME DE SAINT-ROMAIN.

Oui, oui, nous vous pardonnons, mais une autre fois ne criez pas si vite au secours, quoique, à vrai dire, nous ne nous soyons pas mal trouvées de ces appels désespérés, puisqu'ils nous ont valu l'intervention de mademoiselle. (*A Marguerite.*) Je suis fort heureuse de pouvoir enfin parler à une personne raisonnable. Sans doute, mademoiselle, vous êtes la receveuse des postes.

MARGUERITE.

Oui, madame ; puis-je vous être utile à quelque chose ?

MADAME DE SAINT-ROMAIN.

A beaucoup de choses, mademoiselle ; d'abord, nous avons grand'faim, grand'soif, et mes gens, que j'ai laissés au bas de la côte avec ma voiture, sont aussi malheureux que nous ; je vous serais donc très obligée de leur faire porter quelques vivres de l'auberge de l'endroit et de l'avoine pour les chevaux qui n'en peuvent plus. Lorsque, bêtes et gens, nous nous serons reposés quelques heures, je vous demanderai encore le chemin que nous devons suivre pour aller à Saverne. Je suis la femme du général de Saint-Romain et je vais, avec la sœur Barbe, rejoindre une ambulance qui doit se trouver dans les environs de cette ville. Inutile de vous dire que nous avons le plus vif désir de gagner aussi rapidement que possible le poste confié à nos soins.

MARGUERITE.

Je le comprends, madame, et vais faire le peu qui dépend de moi pour vous mettre en état de continuer votre voyage.

MADAME DE SAINT-ROMAIN.

Je vous remercie, mademoiselle.

MARGUERITE.

Veuillez entrer dans ma modeste maison, vous pourrez y prendre quelque repos et y réparer vos forces; quant à vos domestiques et à vos chevaux, je vais faire prévenir le maire et il s'empressera de pourvoir à leurs besoins; je suis sûre aussi qu'il vous donnera un guide pour vous conduire, s'il peut en trouver un, mais j'en doute, car le village ne contient plus un homme valide, je le dis à son honneur. Enfin, venez, madame, j'ai dans mon bureau une carte fort détaillée, sur laquelle je pourrai tout au moins vous tracer votre itinéraire.

MADAME DE SAINT-ROMAIN.

Ah! mademoiselle! il faudrait n'avoir affaire qu'à des personnes comme vous dans ces temps difficiles. (*A sœur Barbe.*) Allons, ma sœur, suivons-la, j'ai une faim atroce.

SŒUR BARBE.

Moi aussi, je l'avoue.

MARGUERITE, *à Marie.*

Tenez, Marie, allez prévenir M. le maire de l'arrivée de ces dames et de la situation dans laquelle elles se trouvent; ce sera un moyen de réparer un peu votre mauvais accueil.

MARIE.

Volontiers, Marguerite, j'y cours de ce pas. Du moment que ces dames ne sont pas des hulans, je suis toute à leur service. (*Fausse sortie de Marie.*)

Marguerite, Mme de Saint-Romain et sœur Barbe sortent.

SCÈNE IV

MARIE, ROSE, GUDULE. Rose entre l'air sombre, la tête basse, elle va s'asseoir un peu à l'écart, son attitude indique un désespoir profond.

MARIE.

C'est vous, Gudule? Eh bien? comment votre pauvre fille a-t-elle pris son malheur?

GUDULE.

Tenez, la voilà!... depuis deux heures, elle n'a pas dit une parole, ni versé une larme. Elle est comme une statue de pierre et j'ai peur qu'elle ne tourne folle.

MARIE.

Il faut tâcher de la faire pleurer, ça la soulagera.

GUDULE.

Et le moyen?

MARIE.

Parlez-lui en douceur, comme quand elle était petite.

GUDULE.

Elle ne fait cas de ce que je lui dis ni sur un ton, ni sur un

autre. Ah! quel malheur! quel malheur! Mais parlez-lui,
vous, peut-être vous répondra-t-elle?

MARIE.

C'est que, voyez-vous, Gudule, je ne puis rester en ce moment.

GUDULE.

Et pourquoi?

MARIE.

Il y a une dame étrangère qu'est arrivée et il faut que je
prévienne M. le maire.

GUDULE.

Qu'est-ce qu'elle vient faire chez nous, cette dame? le savez-
vous?

MARIE.

Elle ne fait que passer. Oh! c'est du grand monde! la
femme d'un général, à ce qu'il paraît, et elle s'en va à l'armée.

GUDULE.

Rejoindre son mari?

MARIE.

Non, elle est avec une bonne sœur et elles vont soigner les
soldats blessés.

GUDULE.

La sœur, ça se comprend, puisqu'elle est là pour ça; mais la
dame! qu'a-t-elle à faire là-dedans?... elle ferait mieux de
rester chez elle à soigner son ménage.

MARIE.

Enfin que voulez-vous, c'est son idée! Il est tout de même
heureux pour les pauvres blessés qu'il y ait des gens comme
ça!

GUDULE.

Je ne dis pas non. Du reste tout ça ne me regarde pas. (*Se tournant du côté de sa fille.*) Ah! ma pauvre Rose... elle ne nous entend seulement pas.

MARIE.

Peut-être que tout à l'heure elle sera mieux; il ne faut qu'un instant, vous savez, pour faire crever la nue dans les grands orages : c'est la même chose pour les chagrins. Mais je m'oublie, je m'oublie! Adieu, Gudule, je reviendrai plus tard.

GUDULE.

Allez, je ne vous retiens pas, faut que l'ouvrage se fasse. (*Marie sort.*)

SCÉNE V

GUDULE, ROSE.

GUDULE, *à part.*

Voyons, je vais essayer des mignardises comme elle me le conseille. (*S'approchant de sa fille, haut.*) Ma petite Rose, ma jolie fleur, réponds à ta vieille mère qu'est ben en peine à cause de toi. T'as un gros chagrin, ma chérie, je le vois bien; mais ça passera, ça passera, je te le promets, moi qui suis une femme d'âge et qui connais les choses de la vie. Quand j'ai perdu ton pauvre papa, j'avais une douleur que ça faisait trembler, je m'arrachais les cheveux, j'avais envie de me noyer dans la mare; eh bien! un an après, je pensais à me remarier avec le sonneur de cloches, mais il n'a pas voulu de moi à cause que j'avais une petite. Ce que je t'en dis, c'est pas pour te le reprocher au moins!... Mais parle-moi donc, ma Rosette! au lieu de me regarder avec des yeux tout noirs, comme si tu ne

me reconnaissais point. Dis-moi quelque chose enfin?... M'entends-tu, enfant? (*Elle secoue sa fille.*)

ROSE, *lentement et d'une voix sombre.*

Pourquoi l'avez-vous empêché d'aller à la guerre?...

GUDULE.

Dame! c'était pour son bien, et en premier pour le tien,
ma fille. Je voulais te le conserver; il n'y a pas de ma faute si
j'ai mal réussi et t'aurais tort de m'en vouloir. C'était un
mariage si convenant!... un garçon qu'avait déjà tout son bien
à un âge où on n'a guère que ses deux bras pour fortune!...
et puis son champ était à côté du nôtre, avec le pré au fond,
tout d'un tenant, comme on dit; ça aurait fait une propriété
superbe! quasiment une propriété de bourgeois à faire envie
à toute la paroisse!... Mais faut plus revenir là-dessus; c'est
des paroles perdues à cette heure. Ah! si t'as du chagrin, j'en
ai bien aussi, va. Que je ne peux pas me retenir de pleurer. (*Elle
tire son mouchoir.*) Mais pleure donc, toi!... allons, je vois
que tout est inutile et que tu ne veux pas pleurer. (*Elle remet
son mouchoir dans sa poche.*) Voyons, qu'est-ce qui te ferait
plaisir?... Aimerais-tu des pendants d'oreille en or?... je t'en
achèterai à la foire de la Saint-Michel... non, ce n'est pas cela...
Veux-tu que je fasse dire pour le pauvre Théophile une grand'-
messe avec beaucoup de cierges et des tentures, comme pour
les riches?... Je ne te refuserai rien, mais demande seulement.

ROSE, *d'une voix sourde.*

Je voudrais voir Marguerite.

GUDULE.

Marguerite?... je la connais, elle ne te fera pas de bien, au
contraire; mais enfin, si tu y tiens, je vais la chercher; je ne
veux pas te contrarier. Justement la voici qui sort de sa maison en compagnie d'une sœur des ambulances qui, dit-on, va

rejoindre l'armée; il y a aussi une dame, mais je ne la vois pas.

SCÈNE VI

GUDULE, ROSE, MARGUERITE, SŒUR BARBE.

MARGUERITE, *à sœur Barbe.*

Laissons écrire Mme de Saint-Romain, nous serons fort bien ici; n'est-ce pas, ma sœur?

SŒUR BARBE.

Oui, parfaitement.

MARGUERITE, *apercevant Rose et allant vers elle.*

Ah! c'est toi, Rose! (*D'une voix attendrie.*) Pauvre Rose, comme je te plains!

ROSE, *avec une sombre amertume.*

Vous me plaignez, plus qu'une autre, n'est-ce pas?

MARGUERITE, *avec un léger embarras.*

Je veux dire seulement que je te plains beaucoup, ma pauvre amie.

ROSE, *à Marguerite.*

Et vous savez tout ce qui s'est passé?

MARGUERITE.

Je sais qu'il n'est plus; Fanchon est venue me l'apprendre de la part de M. le maire.

ROSE.

Ah! il ne vous a pas tout raconté!

MARGUERITE.

Quoi donc?... Je ne sais aucun détail, mais je ne veux pas le faire causer sur un sujet aussi pénible.

ROSE, *amèrement.*

Pourquoi donc?... quand on a le cœur brisé rien ne peut plus vous faire de mal.

GUDULE, *avec inquiétude.*

Rose, Rose!...

ROSE, *avec exaltation.*

Ainsi donc, écoutez tous!... je vas vous conter comment meurt un réfractaire... Ça servira toujours pour les autres, voyez-vous.

GUDULE.

Tais-toi, ma fille, je t'en supplie.

ROSE, *avec égarement.*

. Donc, hier le tantôt, il était venu tout près du village à la croix du Chemin-Vert, histoire d'avoir de mes nouvelles, le pauvre!... Comme il était là, assis sur une pierre, voilà les mobilisés d'ici qui débouchent tout à coup par la traverse; il n'a pas le temps de se jeter dans le bois; les gars le reconnaissent, l'entourent! (*La voix lui manque, elle cache un instant son visage dans ses mains, puis relevant la tête.*) Non, je ne puis continuer; c'est trop affreux!... Ils lui ont fait affront, voilà! Lui il pleurait et demandait un fusil; mais on lui a répondu qu'il n'était plus l'heure et que le conseil de guerre lui ferait son affaire. Alors il s'est enfui dans les marécages et il s'est fait périr ou bien il s'est perdu dans les mouvants, je ne sais; mais il est mort et damné pour sûr!

SŒUR BARBE, *avec autorité.*

Qui dit cela?... personne n'a le droit de prononcer le mot de damnation en parlant de son prochain.

ROSE, *douloureusement.*

C'est que vous ne savez pas, ma sœur, mais il paraît, Marguerite m'a expliqué cela dans le temps, un homme qui refuse de servir son pays comme soldat, c'est tout quasiment un fils qui n'a point voulu défendre sa mère.

SŒUR DARBE, *avec autorité.*

N'importe; quel que soit le péché, la miséricorde de Dieu est infinie et le repentir de la dernière minute suffit souvent à racheter une âme.

ROSE.

Vous croyez ça, vous !...

SŒUR DARBE.

Certes ! je le crois, je crois à la bonté divine !... (*Avec douceur.*) Que deviendrions-nous tous sans cette sainte confiance. Laissez l'espérance descendre dans votre cœur, pauvre enfant, comme un baume salutaire qui en guérira les sanglantes blessures. Je connais mal votre triste histoire, mais je comprends que vous avez perdu votre fiancé dans de douloureuses circonstances.

ROSE, *douloureusement.*

Hélas ! nous devions nous marier à la Saint-Jean prochaine, au milieu du printemps tout en fleurs, et maintenant il est sous la terre.

SŒUR DARBE.

Mais son âme immortelle n'est point là... son âme que vous pouvez encore secourir et consoler par la prière et les bonnes œuvres.

ROSE.

Je pourrais encore quelque chose pour lui, maintenant qu'il n'est plus?... (*Avec exaltation.*) Ah ! s'il m'était possible de me faire soldat! d'être son remplaçant, pour ôter ce déshonneur de dessus sa mémoire !... Je voudrais aller à la guerre !...

SŒUR BARBE, *vivement.*

Vous le pouvez.

ROSE, *avec étonnement.*

Comment! moi, une femme?

SŒUR BARBE.

Il y a des places pour les femmes à la guerre, non parmi ceux qui détruisent et qui tuent, mais à la suite des armées pour réparer, autant que possible, le mal causé par ces luttes fratricides.

ROSE.

Des places pour nous, dites-vous, ma sœur?... dans les ambulances, n'est-ce pas? à côté de vous?

SŒUR BARBE.

Oui, à côté de moi.

ROSE, *s'exaltant.*

Et les hôpitaux sont aussi des champs de bataille où l'on peut combattre et mourir?

SŒUR BARBE.

Oui, mon enfant.

ROSE, *résolument.*

J'irai!...

GUDULE, *violemment.*

Mais on me prend ma fille!...

MARGUERITE, *à Rose.*

Tu fais bien, Rose.

GUDULE, *avec colère.*

Je ne veux pas, moi; je veux la garder, c'est mon enfant, on me volera pas ma fille, peut-être.

ROSE, *avec fermeté.*

Mère, vous avez voulu en retenir un et il est mort!... oserez-vous me retenir aussi, lorsque je veux partir?

GUDULE, *d'un air consterné.*

Comme tu me parles, Rose? on dirait que ce n'est plus toi. Qui m'a changé ma fille ainsi?

ROSE.

C'est le malheur qui m'a changée.

SŒUR BARBE.

Allons, pauvre femme, il ne faut pas vous opposer à ce qui peut être le salut de votre fille en ce monde et dans l'autre. Préférez-vous la voir périr sous vos yeux de tristesse et d'ennui?

GUDULE, *brusquement.*

Ne vous mêlez pas de mes affaires de famille, je vous prie.

MARGUERITE, *à Gudule.*

Vous les avez déjà bien mal dirigées, Gudule, je ne puis m'empêcher de le dire malgré le respect dû à votre âge, et ce sont vos funestes conseils qui ont fait le malheur de Rose. Maintenant au moins laissez-lui la liberté d'agir à sa guise, elle l'aura payée assez cher.

GUDULE, *d'un ton farouche.*

Allons, tout le monde est contre moi et chacun me jette sa pierre; ma fille m'abandonne, mon grain n'est pas vendu, Théophile est mort! (*A Rose.*) Tu peux partir, Rose, et aller où tu voudras, mais je ne veux ni en voir, ni en entendre davantage. Je vais me retirer dans ma maison, je m'assoirai à mon foyer solitaire, en face de la place vide de mon défunt mari, je mettrai mon tablier sur ma tête et j'attendrai en silence l'invasion des Prussiens. (*Elle sort.*)

SCÈNE VII

ROSE, MARGUERITE, SŒUR BARBE

MARGUERITE.

Elle est hors d'elle-même.

SŒUR BARBE, *à Rose.*

Mon enfant, suivez votre mère; tâchez de l'apaiser et d'obtenir son consentement dans de meilleures conditions; elle ne vous le refusera pas, vous verrez. Faites ensuite bien à la hâte vos petits préparatifs de départ, car le temps presse; on nous montrera votre maison et nous vous prendrons en passant.

ROSE.

Je vous obéis, ma sœur; mais cette dame avec laquelle vous êtes, voudra-t-elle m'emmener?

SŒUR BARBE.

Soyez tranquille, je me charge de le lui demander et je suis sûre qu'elle y consentira volontiers.

ROSE.

A bientôt donc, je serai prête. (*Elle sort.*)

SCÈNE VIII

MARGUERITE, SŒUR BARBE, MADAME DE SAINT-ROMAIN

MADAME DE SAINT-ROMAIN.

Quelle est cette jeune fille qui vient de vous quitter?

SŒUR BARBE.

Une nouvelle recrue que les douleurs humaines nous procurent, chère madame; elle veut venir soigner les blessés avec nous, si vous voulez bien la prendre dans votre voiture.

MADAME DE SAINT-ROMAIN.

Je ne demande pas mieux; nous avons bien besoin d'infirmières, mais semble-t-elle apte à cette mission?

MARGUERITE.

Je me trompe fort ou elle vous rendra de grands services. Elle est forte, active, dévouée et elle vient malheureusement de recevoir une de ces terribles leçons qui trempent les âmes.

MADAME DE SAINT-ROMAIN.

Il s'agit de quelque chagrin?

MARGUERITE.

Oui, d'un chagrin très cruel; la sœur Barbe vous racontera son histoire. Mais j'entends la sonnette du télégraphe qui m'appelle impérieusement.

MADAME DE SAINT-ROMAIN.

Allez, je vous en prie.

SCÈNE IX

LES MÊMES, FLEURETTE.

FLEURETTE.

Marguerite, la sonnette.

MARGUERITE.

J'y cours, enfant. (*Elle sort.*)

SCÈNE X

SŒUR BARBE, MADAME DE SAINT-ROMAIN, FLEURETTE

MADAME DE SAINT-ROMAIN, *s'approchant du parapet et regardant la vue.*

La vue est très belle de cette terrasse, elle domine toute la campagne environnante; c'est sans doute un morceau de quelque ancien rempart, on aurait de la peine à le prendre d'assaut. Il est vrai qu'il est facile à tourner du côté du village; mais de ce côté-ci, je défierais quelqu'un de l'escalader.

FLEURETTE.

C'est pas si difficile que madame croit.

MADAME DE SAINT-ROMAIN.

Où us trouvez, petite fille?

FLEURETTE, *montrant une extrémité de la terrasse.*

Là, dans le coin, on peut grimper en s'accrochant ferme.

MADAME DE SAINT-ROMAIN.

Il serait téméraire de l'essayer.

SŒUR BARBE.

Assurément.

FLEURETTE, *avec fierté.*

Oh! je l'ai bien fait, moi.

MADAME DE SAINT-ROMAIN.

Comment, vous êtes montée par là?

SŒUR BARBE.

C'était une grande imprudence; et pourquoi l'avez-vous commise, mon enfant?

FLEURETTE.

Pour rattraper un fichu de Marguerite que le vent avait emporté et qui était resté suspendu à une ronce. Je croyais lui faire plaisir et au contraire elle m'a bien grondée.

SŒUR BARBE.

Cela ne m'étonne pas.

MADAME DE SAINT-ROMAIN.

Et où avez-vous appris à faire si bien la gymnastique?

FLEURETTE, *à part.*

Aïe! j'ai eu tort de me vanter; elle va se douter que j'ai été saltimbanque. (*Haut.*) Dame! ça m'est venu tout seul, c'est un don, comme on dit.

MADAME DE SAINT-ROMAIN.

La chose est peu probable. Mais il me semble, ma sœur, que la journée s'avance et qu'il serait temps de nous mettre en route.

SŒUR BARBE.

J'y pensais, madame.

MADAME DE SAINT-ROMAIN.

Le maire, chez lequel on a remisé notre voiture, m'a promis des chevaux frais pour quatre heures.

SŒUR BARBE.

Elles viennent de sonner au clocher du village.

MADAME DE SAINT-ROMAIN.

Oui, je l'ai bien entendu et aucun émissaire de M. le maire

ne paraît. Il s'était pourtant bien engagé à faire atteler pour cette heure-là.

FLEURETTE.

Madame veut-elle que j'aille voir?

MADAME DE SAINT-ROMAIN.

Je ne sais pas si je dois attendre encore ou envoyer cette enfant?... Qu'en dites-vous, sœur Barbe?

SCÈNE XI

LES MÊMES, MARGUERITE.

MARGUERITE.

Ah! madame, je viens de recevoir une mauvaise dépêche du bureau de transmission; on me dit que les Prussiens approchent et qu'on ne sait pas si on pourra m'envoyer un autre avis, car les communications peuvent être coupées d'un instant à l'autre... Ils arrivent par l'est.

MADAME DE SAINT-ROMAIN, *tristement.*

Toujours leur marche en avant que rien n'arrête!

SŒUR BARBE.

Hélas! Dieu nous assiste!

MARGUERITE.

Vous ferez bien de partir promptement.

MADAME DE SAINT-ROMAIN.

Nous attendons notre voiture qu'on nous avait promise pour quatre heures. C'est le maire qui a dû s'en occuper.

MARGUERITE.

Je vais lui envoyer Fleurette : il faut d'ailleurs qu'elle lui porte ma dépêche; en même temps, elle le pressera de tenir ses engagements à votre égard. (*A Fleurette.*) Tu as entendu, ma petite?

FLEURETTE.

Oui, Marguerite, donnez-moi le papier.

MARGUERITE.

Le voilà, dépêche-toi, et si le maire n'était pas chez lui, cherche-le dans le village jusqu'à ce que tu le trouves. (*Fleurette sort.*)

SCÈNE XII

MADAME DE SAINT-ROMAIN, SŒUR BARBE, MARGUERITE.

MADAME DE SAINT-ROMAIN, *à Marguerite.*

Est-ce que vous êtes seule ici, mademoiselle?

MARGUERITE.

Non, madame, je vis avec mon grand-père, qui est fort âgé !

MADAME DE SAINT-ROMAIN.

Ne le verrons-nous pas avant de partir?

MARGUERITE.

Il dort, madame, et même ce sommeil prolongé m'inquiète un peu. Il est singulièrement épuisé par les émotions de la matinée.

MADAME DE SAINT-ROMAIN.

Que s'est-il donc passé ce matin dans le village?

MARGUERITE.

Nos mobilisés sont partis aujourd'hui même.

MADAME DE SAINT-ROMAIN.

Vous n'avez plus ni père ni mère?

MARGUERITE.

Non, je suis orpheline : j'ai perdu ma mère en naissant et mon père, qui était militaire, a été tué au siège de Sébastopol. Mon père, mon grand-père et mon bisaïeul ont été militaires; ce dernier, un volontaire de 92, a eu le bras droit emporté à la bataille de Valmy.

MADAME DE SAINT-ROMAIN.

Tous serviteurs de la France; je vous en fais mon compliment, mademoiselle; votre arbre généalogique est un laurier. Si des devoirs multiples ne vous retenaient ici, j'aimerais à emmener avec moi la fille de tant de braves; je suis sûre que je trouverais en vous un précieux auxiliaire.

MARGUERITE.

Zélé, tout au moins, madame. Ah! voilà Fanchon, la servante du maire, elle aura croisé Fleurette.

SCÈNE XIII

LES MÊMES, FANCHON.

FANCHON.

Oui, mademoiselle Marguerite, je l'ai rencontrée et je l'ai laissée continuer sa route devers M. le maire, qui est présentement sur la place à faire atteler la voiture de madame la générale.

MADAME DE SAINT-ROMAIN.

Les chevaux sont mis?

FANCHON.

Sûrement, madame la générale, car le cocher montait sur son siège comme je partais.

MADAME DE SAINT-ROMAIN.

Eh bien! ne perdons pas une minute.

SŒUR BARBE.

N'allons pas oublier notre postulante au moins?

MADAME DE SAINT-ROMAIN.

Soyez tranquille, ma chère sœur, j'y pensais. (*A Marguerite.*) Mademoiselle, il ne me reste plus qu'à vous remercier de votre bonne hospitalité; je n'en perdrai jamais le souvenir, croyez-le, et je fais des vœux pour vous rencontrer de nouveau, heureuse comme vous le méritez, au sein de jours meilleurs.

MARGUERITE.

Merci, madame, je souhaite bien aussi vous revoir. Puissiez-vous terminer votre voyage sans trop de difficultés! (*Elles se donnent la main.*)

MADAME DE SAINT-ROMAIN.

Il faut s'attendre à tout et s'oublier complétement dans un temps comme le nôtre.

MARGUERITE, *à sœur Barbe.*

Adieu, ma sœur, je vous recommande la pauvre Rose.

SŒUR BARBE.

Je veillerai sur elle avec sollicitude, n'en doutez pas. Dieu vous bénisse, mon enfant!

MARGUERITE.

Fanchon, accompagnez ces dames jusqu'à leur voiture; je ne puis m'éloigner de mon bureau. (*Mme de Saint-Romain, sœur Barbe et Fanchon sortent.*)

SCÈNE XIV

MARGUERITE, LE PÈRE LA VICTOIRE.

MARGUERITE.

Elles sont parties... ce sont de nobles cœurs et il me semble que je quitte des amies... Les reverrai-je jamais?... Dieu seul le sait!... (*Apercevant le Père la Victoire sur le seuil de la maison.*) Ah! grand-père, vous voilà réveillé!

LE PÈRE LA VICTOIRE, *d'une voix faible.*

Oui, mon enfant, donne-moi ton bras pour gagner mon fauteuil... (*Il marche péniblement.*) A vrai dire, il y a longtemps que je ne dors plus; j'entendais vos voix, je suivais les mouvements des dames étrangères sur cette terrasse.

MARGUERITE.

La femme du général a demandé à vous voir, mais j'ai dit que vous reposiez; si j'avais su...

LE PÈRE LA VICTOIRE.

Tu a bien fait, Marguerite; une invincible fatigue me retenait dans mon coin et me faisait redouter le bruit des humains.

MARGUERITE, *avec inquiétude.*

Vous n'étiez pas ainsi, ce matin encore.

LE PÈRE LA VICTOIRE.

C'est possible, mon enfant; il me semble que ce matin est

déjà très loin et que chaque heure, en s'écoulant, me vieillit d'une année.

MARGUERITE.

C'est singulier; cependant vous avez éprouvé le besoin de sortir.

LE PÈRE LA VICTOIRE.

Oui, je manquais d'air dans l'intérieur de la maison.

MARGUERITE.

Vous manquiez d'air?

LE PÈRE LA VICTOIRE.

J'en avais du moins l'impression. (*Moment de silence.*)

MARGUERITE.

Voulez-vous que je vous raconte tout ce qui s'est passé ?

LE PÈRE LA VICTOIRE, *parlant lentement.*

Non, c'est inutile... peu de choses m'intéressent à présent.

MARGUERITE.

Comme il vous plaira, grand-père. (*A part.*) Il y a je ne sais quoi en lui qui m'inquiète... quelque chose comme un changement profond et cependant insaisissable. (*Haut.*) Voulez-vous votre pipe?

LE PÈRE LA VICTOIRE.

Non, je fumerai plus tard... Je veux regarder le soleil qui se couche, sans penser à rien. Je l'ai vu se coucher ainsi sur le champ de bataille de Marengo; il était tout rouge, ce brillant soleil de Prairial. J'avais dix-huit ans.

MARGUERITE, *à part.*

Laissons-le rêver en paix et prenons notre ouvrage.

LE PÈRE LA VICTOIRE.

C'était le bon temps, j'étais jeune... la France était victorieuse... Pauvre France!... (*Long silence.*) Comme tout est tranquille autour de nous, on n'entend aucun bruit dans la campagne, et le jour à son déclin s'achève dans le calme et le silence. Ainsi meurt l'honnête homme lorsque après les labeurs de la vie il s'endort dans le sein de l'Être suprême!

MARGUERITE, *à part.*

Son accent est paisible, son visage serein et pourtant je me sens saisie d'un mystérieux effroi.

LE PÈRE LA VICTOIRE. (*Il semble se parler à lui-même plutôt que s'adresser à Marguerite et fait de longues pauses entre chaque phrase.*)

Nous avons tous été soldats de père en fils... le soleil a disparu... c'est le soir et un long frisson a passé sur la plaine.

MARGUERITE.

Grand-père, vous avez peut-être froid?... Voulez-vous rentrer?

LE PÈRE LA VICTOIRE, *presque sans l'écouter.*

Non... ce paysage est le premier que contemplèrent mes regards, je veux voir jusqu'à la fin l'horizon de mon village... l'homme se plaît parfois à rapprocher son berceau de sa tombe.

MARGUERITE, *à part.*

Je ne l'ai jamais entendu parler ainsi; on dirait que sur le simple soldat laboureur a passé comme une ombre auguste! je lui trouve je ne sais quelle majesté!

LE PÈRE LA VICTOIRE.

Je suis heureux!

MARGUERITE, *à part.*

Il est heureux, dit-il, je veux me taire et respecter cette joie, cette quiétude dont les causes sont pour moi insondables... Hélas! il y a entre nous comme un abîme invisible qui va s'élargissant; je ne peux plus suivre ses pensées, je ne sais plus le comprendre; nous sommes assis à côté l'un de l'autre dans cet encadrement familier de notre vie de tous les jours et il me semble pourtant que nous habitons deux mondes séparés par des espaces incommensurables. (*Long silence.*)

LE PÈRE LA VICTOIRE.

Un bruit inaccoutumé a rompu ce silence qui avait pour moi tant de charme.

MARGUERITE.

C'est le galop d'un cheval sur la route, cher grand-père.

LE PÈRE LA VICTOIRE.

Tu te trompes, Marguerite; mais moi qui ai servi dans la cavalerie, je ne m'y méprends pas; ce bruit est produit non point par un, mais par plusieurs chevaux (*il écoute un instant*); ils approchent d'une allure rapide.

MARGUERITE.

Il est vrai... Tenez, je crois qu'ils arrivent sur la place du village... Mais quelles sont ces clameurs confuses?...j'entends des voix de femmes... des appels... des cris...

LE PÈRE LA VICTOIRE.

On vient, nous allons savoir.

MARGUERITE, *avec agitation.*

Mon Dieu! que se passe-t-il?

SCÈNE XV

MARGUERITE, LE PÈRE LA VICTOIRE, MARIE, FLEU-
RETTE, THÉRÈSE, MATHILDE, tenant son enfant dans ses bras,
GUDULE, FANCHON.

FLEURETTE, *accourant la première.*

Ah! Marguerite!

MARGUERITE.

Qu'y a-t-il donc?

THÉRÈSE, *avec effroi.*

Les hulans! les hulans!

MARIE.

Les hulans!... Oh! cette fois ce sont bien eux.

MATHILDE, *avec effroi.*

Qu'allons-nous devenir, mon pauvre enfant?

GUDULE, *d'un ton désespéré.*

Notre village envahi!... Ah! la France est bien perdue.

FANCHON.

Que j'ai peur! Ah! mon Dieu! que j'ai peur!

MARGUERITE.

Combien sont-ils?

THÉRÈSE.

Trois.

MARGUERITE, *résolument.*

Défendons-nous.

MATHILDE, *d'un ton suppliant.*

Oh non! ne nous défendons pas, ils nous tueraient tous.

Je ne veux pas qu'on tue mon enfant, c'est assez de m'avoir pris son père.

MARIE.

D'ailleurs nous ne sommes ici que des femmes et des vieillards; comment pourrions-nous songer à nous défendre?

LE PÈRE LA VICTOIRE.

Ce serait inutile... ces trois hulans sont l'avant-garde des Prussiens, leurs éclaireurs pour mieux dire.

THÉRÈSE.

Ils sont arrivés devant l'église au galop de leurs chevaux, sans hésiter.

FANCHON.

On eût dit qu'ils rentraient chez eux, et ils ont été tout droit chez M. le maire. Quelle visite! pauvre cher homme!... pourvu qu'ils n'aillent pas l'assassiner.

THÉRÈSE.

Dieu le veuille!... mais nous? qu'allons-nous faire?

GUDULE, *vivement.*

Il faut nous sauver, avant que l'armée prussienne arrive.

MARIE.

Oui, sauvons-nous; nous nous cacherons dans les bois.

FLEURETTE, *avec animation.*

Je connais un bon endroit, je vous y mènerai, si vous voulez.

MARIE.

Laissez-moi le temps d'aller chercher ma vache.

GUDULE, *aigrement.*

Par exemple, nous embarrasser de cette bête.

MARIE, *d'un ton désolé.*

Mais on va me la prendre !...

GUDULE, *rudement.*

Comme mon grain, pardine !... puisque je perds mon avoine, vous pouvez bien perdre votre rousse.

MARIE, *furieuse.*

C'est pas une raison... vous êtes une méchante femme.

MARGUERITE.

Trêve de dispute, les Allemands vont arriver et vos moments sont précieux... Chargez-vous du moins de bagages possible, mais emportez quelques provisions, vous en aurez besoin.

FLEURETTE, *vivement.*

Il faut une marmite d'abord pour faire la soupe au campement.

GUDULE.

J'emporterai la mienne, et une couple de poulets que j'engraissais pour la prochaine assemblée.

THÉRÈSE.

Ah! on ne dansera plus jamais!... moi je vais nouer une chemise et deux paires de bas dans un mouchoir. Maman est partie en avant avec mes jeunes frères et elle a pris un gros pain.

MARIE.

Elle a bien fait. Comme ça ta mère s'est déjà ensauvée avec les petits?

THÉRÈSE.

Oui, et elle m'a dit de la rejoindre dans le bois au carrefour du Sorcier.

MATHILDE.

Heureusement que j'ai mon manteau pour envelopper mon enfant.

THÉRÈSE.

Je vas passer chez nous pour prendre encore un morceau de lard.

GUDULE.

C'est une bonne idée que tu as là.

FANCHON.

Moi, j'aime mieux ne rien emporter que de retourner à la maison pour y voir ces figures de sauvages.

GUDULE.

Je suis tout de même bien contente que Rose soit loin d'ici.

MARIE.

Oui, vous avez eu de la chance qu'on vous l'ait emmenée comme cela.

MARGUERITE.

Ne perdez pas davantage votre temps et mettez-vous en route, le temps presse.

THÉRÈSE.

Et vous, Marguerite, vous venez avec nous, n'est-ce pas?... on mettra votre grand-père sur la charrette du père Jacob, qui ne peut pas marcher lui non plus.

MARGUERITE.

Oh! moi, je ne dois pas quitter mon poste, où j'espère pouvoir rendre encore quelques services.

MARIE, *vivement*.

Par exemple! Vous exposer ainsi!

GUDULE.

C'est une folie.

THÉRÈSE, *d'un ton suppliant.*

Vous n'allez pas vous sacrifier de la sorte.

MARGUERITE, *avec fermeté.*

Inutile d'en dire davantage; je vous remercie, mes amis, mais je resterai.

LE PÈRE LA VICTOIRE.

Bien, ma fille, nous serons ensemble jusqu'à la fin... jusqu'à la mienne au moins.

MARGUERITE.

Ah! grand-père, c'est ce qui m'afflige!... je voudrais vous savoir en sûreté.

FLEURETTE.

Si c'est comme ça... je reste aussi; je ne vous quitterai point tous deux.

MARGUERITE, *à Fleurette.*

Il faut partir, enfant.

FLEURETTE, *résolument.*

Non, je ne veux point.

MARGUERITE.

Thérèse, je te la confie; emmène-la.

THÉRÈSE.

Mais si elle s'obstine?

LE PÈRE LA VICTOIRE, *avec autorité.*

Écoutez-moi : je suis le plus vieux de la paroisse et je vous commande d'emmener cette petite fille malgré sa résistance.

THÉRÈSE, *prenant Fleurette par le bras.*

Allons, il faut obéir à l'ancien.

GUDULE, *à Fleurette.*

Marche, enfant.

FLEURETTE, *se débattant.*

Je ne veux pas, je ne veux pas !

THÉRÈSE, *à Fleurette.*

Il le faut... te dis-je...

MARIE.

Si ça continue, cette enfant nous entravera plus que ne l'aurait fait ma pauvre vache.

THÉRÈSE.

Bah ! on en viendra bien à bout.

FLEURETTE.

Marguerite, Père la Victoire ! on m'enlève de force, mais je reviendrai. (*Les femmes entraînent Fleurette.*)

SCÈNE XVI

MARGUERITE, LE PÈRE LA VICTOIRE.

MARGUERITE.

Pauvre petite ! elle voulait rester avec nous, mais il ne fallait pas qu'elle fût victime de son dévouement ; je suis bien aise qu'elle soit partie, j'aurais tremblé pour elle. Je suis sûre que les Prussiens sont tout près d'ici ; ces trois hulans n'auraient pas osé s'aventurer ainsi, s'ils ne se sentaient soutenus par des forces considérables et fort rapprochées.

LE PÈRE LA VICTOIRE.

Tu raisonnes bien, Marguerite, l'ennemi ne doit pas être loin et je me demande si les femmes du village auront le temps de gagner les bois avant qu'il ne soit ici; elles perdent tant de minutes en paroles et en mouvements inutiles.

MARGUERITE.

Vous comptez sans la peur qui les talonne; déjà on ne les entend plus et je suis sûre qu'elles sont sur la route de la forêt, courant à perdre haleine.

LE PÈRE LA VICTOIRE, *montrant le côté du parapet.*

Regarde, ne vois-tu rien?... c'est de ce côté-là que viendront les Prussiens.

MARGUERITE, *regardant au loin.*

Non, je ne vois rien, mais le jour commence à baisser.

LE PÈRE LA VICTOIRE, *s'animant.*

Ah! si on avait quelques canons en batterie sur cette terrasse!... j'aimerais à mourir en pointant une pièce sur la colonne ennemie.

MARGUERITE.

Grand-père!

LE PÈRE LA VICTOIRE, *d'un ton plus doux.*

J'ai peut-être tort de parler ainsi à mon heure dernière. Que Dieu pardonne à un vieux soldat... Écoute bien, Marguerite : n'entends-tu aucun bruit dans la campagne environnante?... Prête attentivement l'oreille.

MARGUERITE, *après avoir écouté.*

Grand-père, il me semble que je perçois comme une vibration presque insaisissable... je me trompe peut-être... non.

j'entends bien un bruit confus et puis des coups sourds sur le sol...

LE PÈRE LA VICTOIRE.

C'est une armée en marche.

MARGUERITE, *avec douleur.*

Hélas!... déjà!...

LE PÈRE LA VICTOIRE, *gravement.*

Marguerite, je suis trop vieux pour te protéger... je ne puis rien pour toi; ne t'étonnes donc pas si je demande à Dieu de me prendre. (*Avec force.*) Je ne veux pas voir les Prussiens!

MARGUERITE.

Oh! cher grand-père! si je m'étais méprise. (*Elle écoute de nouveau*)... Non, le bruit augmente, ce sont bien eux!...

LE PÈRE LA VICTOIRE, *joignant les mains avec ferveur.*

Dieu des armées, exaucez ma prière; ne permettez pas que je voie encore une fois l'étranger fouler le seuil de ma maison; auparavant retirez-moi de ce monde. J'ai subi sans me plaindre toutes les épreuves qu'il vous a plu de m'infliger pendant ma longue vie, mais je vous en prie, Seigneur, épargnez-moi celle-ci. Faites-moi grâce de l'invasion.

MARGUERITE, *avec douleur.*

Je ne sais ce que je dois demander à Dieu, moi?... je n'ose opposer ma prière à la sienne et je ne puis me résigner à le perdre.

LE PÈRE LA VICTOIRE.

Approche-toi, mon enfant. (*Elle s'agenouille près de lui.*) Je te bénis, ma fille, et je bénis Daniel... vous vous marierez ensemble et vous élèverez vos enfants dans la crainte de Dieu et l'amour de la patrie. Puissiez-vous vivre heureux et unis!

MARGUERITE.

Ah! pauvre Daniel! que n'est-il ici pour recevoir votre bénédiction et vos derniers conseils!

LE PÈRE LA VICTOIRE.

Il ne faut pas regretter son absence... il défend son pays.

MARGUERITE.

C'est vrai, grand-père, vous avez toujours raison.

LE PÈRE LA VICTOIRE, *d'une voix qui s'affaiblit.*

Je sens que je m'en vais... ma prière a été exaucée... (*Avec plus de force.*) Je ne verrai pas les Prussiens!

MARGUERITE, *douloureusement.*

Hélas! vous me quittez?... que va devenir votre pauvre orpheline?... Grand-père?... il ne me répond plus!... une pâleur mortelle envahit son visage.

LE PÈRE LA VICTOIRE, *solennellement.*

Fais toujours ton devoir, Marguerite; le devoir, c'est la consigne donnée par Dieu!

MARGUERITE, *avec désespoir.*

Il expire!... Grand-père, grand-père!... à l'aide! quelqu'un!... il n'est plus; je suis seule. (*Elle se lève et parcourt le théâtre d'un air égaré. Avec éclat.*) Mon grand-père est mort, et les Prussiens arrivent de toutes parts!... je vois briller leurs casques à travers les vignes, derrière les haies!... il me semble que je deviens folle!... Oh ciel! que faire?... que faire? Malheureuse! ma tête s'égare!... (*Elle prend son front dans ses mains.*) Que m'a-t-il donc dit?... je voudrais retrouver ses dernières paroles!... (*Se calmant tout à coup.*) Ah! je me souviens : « Marguerite, fais toujours ton devoir...; le devoir, c'est la consigne donnée par Dieu! »... Je sais maintenant; la raison me revient... une dépêche pour prévenir le quartier général de la marche des Prussiens. (*Elle se précipite dans la maison, on entend la sonnette du télégraphe, le rideau tombe.*)

FIN DU DEUXIÈME TABLEAU.

TROISIÈME TABLEAU

POUR LA PATRIE!

SCÈNE PREMIÈRE

La scène représente l'intérieur d'un bureau des postes et télégraphes; table chargée de papiers, casiers; dans un coin un appareil télégraphique. On aperçoit un guichet assez large qui s'ouvre dans le mur.

MARGUERITE, UN OFFICIER BAVAROIS.

MARGUERITE, *vêtue en grand deuil.*

Allons, ils cessent leurs chants et leurs rires et cet affreux accompagnement des gobelets d'étain se choquant en cadence!... J'ai la tête brisée par ce vacarme... impossible de me recueillir dans ma douleur... Pauvre cher grand-père !... au moins tu n'es pas témoin de la joie de nos insolents vainqueurs; je comprends que tu aies demandé à mourir pour ne pas la voir. (*Regardant par le guichet.*) Je crois qu'ils ont été chercher de quoi boire encore; je reconnais ces bouteilles vides posées par terre dans un coin... elles devaient être remplies de ce vieux vin de Bourgogne que M. le maire aimait tant... celui dont il m'avait donné quelques bouteilles pour mon pauvre grand-père. Toute sa cave va y passer et je suis épouvantée de penser que je vais me trouver dans le voisinage de ces soldats quand ils seront complètement ivres. Tout à l'heure déjà ils s'amusaient à donner de grands coups de pied dans la cloison qui sépare mon bureau de la salle du public et ils me criaient à chaque instant des mots allemands

par le guichet; sans doute des quolibets, de grossières plai-
santeries... Mais un officier entre dans la salle commune...
évidemment il vient me surveiller pendant l'absence des
autres... je crois que c'est un Bavarois... il s'assoit et lit une
lettre. Si je lui demandais de nouveau la permission de m'enfermer dans mon bureau? On me l'a déjà refusée, sous prétexte de ne pas me laisser maîtresse du fil télégraphique, qu'ils
n'ont pas voulu couper parce qu'ils prétendent s'en servir pour
eux. Enfin, essayons; ce monsieur a l'air bien élevé, son aspect
est plus encourageant que celui de ses camarades; il sera
peut-être de meilleure composition... Bon! voilà sa lecture
terminée, c'est le moment... Monsieur, monsieur, s'il vous
plaît?

L'OFFICIER BAVAROIS, *à la cantonade.*

Mademoiselle, c'est moi que vous appelez?

MARGUERITE.

Oui, monsieur; vous commandez ce poste; n'est-ce pas?

L'OFFICIER BAVAROIS.

En effet, pour le moment du moins.

MARGUERITE.

Eh bien, j'ai une demande à vous adresser.

L'OFFICIER BAVAROIS.

Parlez.

MARGUERITE.

Vous le voyez, je suis seule, sans protection.

L'OFFICIER, *avec hauteur.*

Pardon, mademoiselle, vous êtes sous la mienne.

MARGUERITE.

Mais vous n'êtes pas toujours là, monsieur, et tout à l'heure, lorsque vos soldats semblaient menacer à chaque instant d'envahir mon appartement, j'ai eu grand'peur, je l'avoue.

L'OFFICIER BAVAROIS.

Ils ne l'auraient pas osé; la consigne est formelle; ils doivent se tenir dans la salle destinée au public et se borner à surveiller votre bureau.

MARGUERITE.

Mais cette surveillance même peut leur fournir un prétexte pour pénétrer chez moi, pauvre femme sans défense.

L'OFFICIER BAVAROIS.

Enfin, que désirez-vous?

MARGUERITE.

M'enfermer à clef dans mon bureau.

L'OFFICIER BAVAROIS.

Cela ne se peut. Mais si vous voulez évacuer votre bureau et vous retirer dans votre chambre, je ferai occuper militairement ce bureau et vous serez libre de vous enfermer dans votre seconde pièce qui constitue votre domicile particulier.

MARGUERITE.

Je ne puis abandonner mon poste; je suis responsable de mes courriers.

L'OFFICIER BAVAROIS.

Alors il faut vous contenter des barrières que la discipline met entre vous et mes soldats, et si on vous moleste, ne pas hésiter à porter plainte; justice vous sera faite, je vous le promets et j'y veillerai moi-même au besoin. Hier on a fusillé un hulan qui avait volé une vache.

MARGUERITE.

Oui, je ne le sais que trop; la vache de Marie.

L'OFFICIER BAVAROIS.

Nous avons ordre de rassurer les populations en maintenant une discipline sévère. Ainsi, mademoiselle, c'est bien
entendu, vous n'avez qu'à réclamer, s'il y a lieu.

MARGUERITE, *tristement.*

Merci, monsieur, le remède est pire que le mal; j'aime
mieux souffrir bien des vexations que de risquer de faire
fusiller un homme.

L'OFFICIER BAVAROIS.

J'en suis fâché, mademoiselle, l'état de guerre a ses exigences.

MARGUERITE.

Je vous salue, monsieur. (*Marguerite revient sur le devant
de la scène, l'officier s'éloigne du guichet.*) Voilà ce qu'on peut
obtenir de celui d'entre eux qui a l'air le meilleur et le plus
doux...Quelle rude nation !...Je voudrais bien savoir ce qu'ils
ont fait du maire !... Il doit être prisonnier dans sa maison,
sans cela je l'aurais vu; pourvu qu'ils ne l'aient pas emmené
comme otage. Je suis sans nouvelles du reste du village et
cette réclusion commence à me peser... Je regrette presque
d'avoir fait partir Fleurette; elle m'aurait été utile... Mais
j'ai tort, c'est égoïste de ma part; elle est plus en sûreté où
elle est, pauvre petite ! Je vais tâcher de m'occuper un peu
pour échapper aux pensées qui m'obsèdent, au chagrin qui
remplit mon cœur. (*Elle prend un livre.*) J'ai peine à suivre
ce que je lis. Je vois toujours mon pauvre grand-père étendu
sans vie dans ce fauteuil et toutes ces figures indifférentes et
curieuses penchées sur le triste groupe que nous formions
tous deux.

L'OFFICIER BAVAROIS, *revenant près du guichet et parlant à la cantonade.*

Pardon, mademoiselle, si je vous interromps. J'ai réfléchi

sur votre demande de tout à l'heure; il y aurait moyen, je crois, de concilier les exigences du service avec les égards dus à votre jeunesse et à votre isolement.

MARGUERITE.

Comment, monsieur, je vous prie?

L'OFFICIER BAVAROIS.

Je puis mettre avec vous une femme allemande, une personne de confiance que je connais particulièrement, et alors il vous sera loisible de vous enfermer avec elle dans votre bureau, pourvu toutefois que le guichet reste ouvert.

MARGUERITE.

C'est bien, monsieur, j'accepte votre offre et je vous remercie; elle constitue toujours une amélioration sensible à ma situation.

L'OFFICIER.

J'irai chercher cette personne et lui donner mes instructions dès que le poste sera de retour. En attendant, je vais aller fumer sur le seuil de la porte pour ne pas vous incommoder. (*Il s'éloigne du guichet, Marguerite revient sur le devant de la scène.*)

MARGUERITE.

Il est très poli, cet officier; j'ai bien fait de lui adresser ma requête. Celui qui vint avant lui, je ne connais pas leurs grades, a l'air beaucoup plus brutal et impérieux; je n'aurais jamais osé lui demander quoi que ce soit. C'est lui qui fit fusiller ce hulan presque sous mes fenêtres. Ah! depuis ce moment je ne puis le regarder sans frémir, je lui trouve quelque chose de vraiment farouche et son aspect me glace d'effroi. (*On entend un léger bruit du côté de la fenêtre.*) Quel est ce bruit léger sur la terrasse? on m'épie peut-être par là?... Voyons, ne nous laissons pas dominer par la peur...

Serait-ce un soldat en maraude?... mais non, c'est une femme, ou un enfant... même il me semble... ce n'est pas possible?... mais si, c'est Fleurette et elle me fait signe d'ouvrir avec précaution. (*Elle ouvre la fenêtre et Fleurette saute dans la pièce.*) Comment, c'est toi?...

SCÈNE II

MARGUERITE, FLEURETTE.

FLEURETTE.

Oui, c'est moi... je vous avais promis de revenir, et quand j'ai su qu'il était mort et que vous étiez seule, je n'y ai plus tenu. Je me suis échappée, malgré Thérèse, et me voilà.

MARGUERITE, *douloureusement*.

Ah! tu sais mon malheur?

FLEURETTE, *tristement*.

Oui, Marguerite; j'ai bien pleuré, allez.

MARGUERITE.

Parle bas !... il y a un officier allemand dans la salle d'attente.

FLEURETTE.

Vous faites bien de me le dire.

MARGUERITE.

Mais comment arrives-tu par la terrasse ?

FLEURETTE.

Je suis montée par le coin en m'accrochant aux branches.

MARGUERITE, *avec effroi*.

Malheureuse enfant, tu pouvais te tuer !

FLEURETTE, *légèrement.*

Bah! quand on a reçu une bonne éducation première et qu'on a cultivé dans son enfance les talents d'agrément!... Depuis hier je rôdais dans les environs, cherchant inutilement à me rapprocher de vous.

MARGUERITE.

Et où as-tu passé la nuit?

FLEURETTE.

Dans la cuisine du maire; il ne peut sortir de chez lui.

MARGUERITE.

Je m'en doutais.

FLEURETTE.

On le surveille, parce qu'il a surpris un secret des Prussiens.

MARGUERITE.

Quel secret?

FLEURETTE.

Justement, il m'a envoyé devers vous pour vous le faire savoir; il paraît que c'est très important et qu'il faut que vous tâchiez moyen d'envoyer une dépêche au quartier général français.

MARGUERITE, *vivement.*

Dis vite alors, de peur qu'on ne vienne nous interrompre... l'officier allemand s'est éloigné pour fumer, mais il est là sur le seuil de la porte d'entrée et peut avoir fini son cigare d'un instant à l'autre.

FLEURETTE, *d'un ton mystérieux.*

Voilà ce que c'est en quatre paroles. Les Prussiens doivent partir demain matin de bonne heure en colonne mobile pour attaquer les Français du côté de la Sarre; mais si le pont de

la Sarre était coupé avant leur passage, l'expédition serait
manquée pour eux; le maire vous prie donc de faire tout
votre possible pour en donner l'avis au quartier général, afin
qu'on fasse sauter le pont.

MARGUERITE.

Tu es sûre de me répéter exactement ce que t'a dit le
maire?

FLEURETTE.

Parfaitement sûre; il me l'a fait apprendre comme une
leçon.

MARGUERITE.

Eh bien! retourne auprès de lui tout de suite.

FLEURETTE.

Quoi, vous quitter?

MARGUERITE.

Oui, il faut lui porter ma réponse.

FLEURETTE.

Mais je ne pourrai peut-être pas revenir!

MARGUERITE.

N'importe. Tu lui diras que je ferai plus que le possible,
tout ce qui dépendra de moi pour faire partir cette dépêche.
Malheureusement je suis surveillée de si près, que je ne sais
si je pourrai y parvenir. Mais comment vas-tu opérer ta
descente?... Je crains qu'elle ne soit encore plus périlleuse
que ton ascension de tout à l'heure?

FLEURETTE.

Ne vous en inquiétez pas; je m'étais munie d'une corde et
j'ai eu soin de la fixer d'avance pour le cas où je devrais
battre précipitamment en retraite; avec cette rampe à mon

escalier je serai promptement en bas et le plus sûrement du monde.

MARGUERITE.

L'idée seule m'en donne le vertige. Prends bien garde, ma petite !

FLEURETTE.

Soyez tranquille.

MARGUERITE.

Mais j'entends des pas dans la salle voisine... je crois que les soldats reviennent... (*Précipitamment.*) Sauve-toi sans bruit, vite...

FLEURETTE.

Au revoir, Marguerite; refermez la fenêtre bien douce-ment. (*Elle sort par la fenêtre, Marguerite la referme avec de grandes précautions.*)

SCÈNE III

MARGUERITE.

Voyons! consultons la carte. (*Elle ouvre une carte.*) Oui, c'est bien cela... voilà la route... le pont... les avant-postes français doivent être là... Tout à l'heure, lorsque l'officier fumait sur la porte, j'aurais pu peut-être envoyer la dépêche si j'avais su alors... mais non, il était trop près, et le bruit du disque m'aurait trahie. Comment ferai-je?... si seulement j'étais enfermée... le temps de briser la porte il me serait possible, il me semble, d'expédier un télégramme... (*Avec ferveur.*) O cher grand-père! du sein de l'éternité, protégez-moi; demandez à Celui d'où dépendent toutes choses que je puisse rendre ce service à l'armée française. (*On frappe à la porte.*) Qui peut frapper?... Entrez!

SCÈNE IV

MARGUERITE, MADAME MULLER.

MADAME MULLER, *accent allemand.*

Bien le bonsoir, mademoiselle la receveuse.

MARGUERITE, *froidement.*

Que désirez-vous, madame?

MADAME MULLER.

Je viens de la part du comte Carle pour vous tenir compagnie.

MARGUERITE.

Ah! fort bien.

MADAME MULLER.

Je suis Charlotte-Dorothée-Wilhelmine, épouse du major
Muller, et de ma profession cantinière au 25ᵉ chasseurs de la
Reine. Toute à votre service, mademoiselle.

MARGUERITE.

Merci, veuillez vous asseoir.

MADAME MULLER.

Avec plaisir; on fait mieux la conversation quand on est à
son aise.

MARGUERITE.

Je vois que vous savez le français.

MADAME MULLER.

Oui, je l'ai appris avec la femme de chambre française de
la comtesse. J'aime beaucoup à m'instruire.

MARGUERITE.

Quelle comtesse?

MADAME MULLER.

La maman du comte Carle, celui qui m'a dit de venir ici. C'est un jeune seigneur très bien, je suis née sur leur terre de famille; nous sommes même parents.

MARGUERITE, *avec étonnement.*

Parents!... vous avez un lien de parenté avec ce monsieur?

MADAME MULLER.

Mon Dieu! oui; je suis la cousine de sa nourrice.

MARGUERITE.

Ah! comme cela, je comprends.

MADAME MULLER, *tirant de sa poche un tricot multicolore.*

Vous permettez que je continue ce petit ouvrage; c'est un cache-nez pour mon mari qui est employé dans l'intendance; j'ai choisi plusieurs couleurs gaies; le jaune, le vert et le rouge et je me demande à quoi ça fait penser ce joli mélange.

MARGUERITE, *vivement.*

Au plumage d'un perroquet. .

MADAME MULLER.

Vous l'avez trouvé tout de suite; moi je cherchais depuis hier. Vous savez l'allemand?

MARGUERITE.

Oh non!

MADAME MULLER, *d'un ton sentencieux.*

Vos compatriotes ne savent jamais les langues étrangères; ça leur fait du tort quand ils sont chez les autres; ils ne peuvent pas connaître leurs petites affaires.

MARGUERITE, *sèchement.*

Nous ne sommes pas une nation d'espions.

MADAME MULLER, *tranquillement.*

C'est malheureux pour vous. Mais les Français ont bien de l'esprit; c'est dommage qu'ils ne sachent pas s'en servir... Avez-vous lu Klopstock?

MARGUERITE.

Non, jamais; je ne connais que la littérature française.

MADAME MULLER.

Aimez-vous la musique?

MARGUERITE, *tristement.*

Je l'aimais, oui, je l'aimais beaucoup.

MADAME MULLER, *avec enthousiasme.*

La musique et la poésie, ce sont les délices de l'âme. Je ne connais rien de si agréable que d'entendre une harpe au clair de la lune en buvant de la bonne bière.

MARGUERITE.

La bière est de trop.

MADAME MULLER.

J'adore la bonne bière, moi, et le kirsch aussi, surtout celui de la Forêt-Noire.

MARGUERITE, *vivement.*

Le kirsch!... (*A part.*) Quelle inspiration !... (*Haut.*) Ah! vous adorez le kirsch! Eh bien! justement j'en ai du très vieux et je désire vous le faire goûter pour vous remercier de l'obligeance que vous avez eue de venir me tenir compagnie.

MADAME MULLER.

Je veux bien; il n'y a rien qui cimente les sentiments comme de prendre quelque chose chez les gens. (*Elle jette un regard équivoque autour d'elle.*)

MARGUERITE.

Je suis de votre avis; mais auparavant enfermons-nous comme cela a été convenu... nous serons plus tranquilles.

MADAME MULLER, *en riant.*

Vous avez toujours peur de nos soldats!... Si vous les connaissiez comme moi; ce sont tous d'excellents garçons.

MARGUERITE.

Je vous crois; mais je préfère m'enfermer.

MADAME MULLER.

Bon! ce sera comme vous voudrez, puisque le capitaine Carle l'a permis. (*Elle va fermer la porte à clef.*) Là, êtes-vous contente?

MARGUERITE.

Vous ne me donnez pas la clef?

MADAME MULLER, *avec fermeté.*

Non, je la garde.

MARGUERITE.

Pourquoi?

MADAME MULLER.

C'est la consigne.

MARGUERITE, *avec un peu d'humeur.*

N'allez pas me la perdre au moins?

MADAME MULLER.

Il n'y a pas de danger... mais ce kirsch? vous n'en parlez plus?

MARGUERITE.

Si fait, je vais le chercher. Vous verrez comme il est bon.

MADAME MULLER.

Vous êtes bien aimable.

MARGUERITE.

Je reviens tout de suite. (*Elle sort.*)

SCÈNE V

MADAME MULLER, *d'un ton sentimental.*

Ah! c'est vrai, de prendre quelque chose chez les gens, ça
cimente les sentiments. (*Elle prend un petit cadre de photographie sur une table.*) Je vais m'emparer de cette photographie
qui est dans un si joli cadre. (*D'une voix attendrie.*) Ce sera
un souvenir de cette gentille demoiselle et puis j'en ferai cadeau
à ma cousine Gretchen à l'occasion de son mariage, ça lui fera
plaisir, et il ne tardera pas beaucoup, je pense, à être célébré,
car il y a quatorze ans qu'elle est fiancée avec son voisin Jé-
roboam Munster... ce n'est pas des Français qui seraient ca-
pables d'une pareille constance, mein Gott!... Je leur reproche
deux choses, moi : d'être volages et de ne pas savoir préparer
la choucroute... (*D'un ton de regret.*) J'aurais mieux aimé
la pendule tout de même... mais c'est trop difficile à emporter... Ah! voilà la demoiselle avec sa liqueur... pourvu
qu'elle ne voie pas que son petit cadre il s'est envolé?... Bah!
ça ne fait rien... je lui dirai que je ne l'ai pas vu... Je vais
faire semblant de travailler pour me donner l'air d'une
personne dont les doigts ont été honnêtement occupés
tandis qu'elle était absente. (*Elle prend son tricot.*)

SCÈNE VI

MADAME MULLER, MARGUERITE, portant un plateau
avec un carafon et deux petits verres.

MARGUERITE, *d'un air très aimable.*

Tenez, madame Muller, je vais vous le servir sur ce petit
guéridon... rapprochez votre chaise maintenant (*Lui ôtant son
ouvrage des mains.*) et cessez une minute de plumer cet affreux
perroquet. (*Regardant l'ouvrage qu'elle tient un instant
en l'air.*) Je m'étonne seulement qu'il ne crie pas!... (*Elle
pose l'ouvrage.*) Vous allez me dire votre opinion sur ce vieux
kirsch.

MADAME MULLER.

Volontiers; je m'y connais... Mais vous boirez avec moi,
n'est-ce pas?

MARGUERITE.

Oh! bien peu; imaginez-vous que les boissons fortes me
donnent des migraines atroces.

MADAME MULLER, *avec compassion.*

C'est une bien pénible infirmité à votre âge et qui vous
oblige à de grands sacrifices.

MARGUERITE.

Que voulez-vous?... il faut se résigner à tout!... Mais buvez
donc.

MADAME MULLER.

Au moins, goûtez-y pour me mettre en train.

MARGUERITE, *avec bonhomie.*

Allons, je ne veux rien vous refuser.

MADAME MULLER, *se levant.*

A la santé de Sa sacrée Majesté le roi de Prusse.

MARGUERITE *fait un brusque mouvement.*

Excusez-moi ; j'ai cassé mon verre.

MADAME MULLER.

Ça ne fait rien, je vais vous prêter le mien.

MARGUERITE, *vivement.*

Non, boire dans le même verre, ça fait arriver malheur à
la personne dont on porte la santé ; ne le savez-vous pas ?

MADAME MULLER.

Mais non, je ne l'ai jamais entendu dire ; c'est sans doute
une superstition française ; nous ne connaissons pas cela en
Allemagne. Enfin, il faut respecter les coutumes des pays
conquis... pour commencer...

MARGUERITE.

Trouvez-vous mon kirsch à votre goût ?

MADAME MULLER.

Il est excellent.

MARGUERITE.

Eh bien ! encore un petit verre.

MADAME MULLER.

Je veux bien. (*A part.*) Puisqu'il ne me coûte rien, j'aurais
tort de refuser. (*Se levant.*) A la santé de la reine Augusta !

MARGUERITE, *lui versant un troisième verre.*

Et notre Fritz ?... le prince héritier, veux-je dire... vous ne
pouvez vous dispenser, en bonne Prussienne, de lui porter
un toast.

MADAME MULLER.

Oui, mais c'est le dernier. Votre kirsch est un peu fort...
rien que la moitié du verre, je vous prie.

MARGUERITE, *gaîment.*

Laissez donc! une liqueur de dames.

MADAME MULLER.

Vous plaisantez, j'imagine.

MARGUERITE, *d'un ton insinuant.*

Et le prince Frédéric-Charles, votre grand général... votre héros?

MADAME MULLER, *avec enthousiasme.*

Ah certes! un héros... comme Wallenstein et le prince Eugène.

MARGUERITE.

Vous ne porteriez pas la santé d'un si grand homme?

MADAME MULLER, *très tentée.*

Je le voudrais... Oh! rien que par patriotisme... mais je n'ose pas.

MARGUERITE, *d'un ton conciliant.*

Voyons, je vais vous ajouter un peu d'eau cette fois pour que ce soit moins fort.

MADAME MULLER.

Comme cela, je ne dis pas... mais beaucoup d'eau, n'est-ce pas?

MARGUERITE, *fait semblant d'ajouter de l'eau au kirsch qu'elle a déjà versé.*

Tenez, vous allez voir comme c'est doux?... maintenant on en ferait boire à un petit enfant.

MADAME MULLER.

C'est que, voyez-vous, je n'ai pas l'habitude des liqueurs fortes, moi.

MARGUERITE, *à part.*

Il y paraît.

MADAME MULLER.

Il ne faudrait pas croire que, parce que je suis cantinière...

MARGUERITE.

Qu'allez-vous supposer?... ne me prêtez pas de semblables pensées, je vous prie.

MADAME MULLER, *avec émoti on.*

N'est-ce pas, maintenant nous voilà amies jusqu'à la mort! Comment vous appelez-vous?

MARGUERITE.

Marguerite.

MADAME MULLER.

Marguerite!... Ah! le joli nom!... (*Avec effusion.*) Marguerite, veux-tu que nous nous tutoyons?... moi, tu peux m'appeler à ton choix Charlotte, Dorothée ou Wilhelmine... Mais c'est drôle comme j'ai sommeil!

MARGUERITE.

Vous aurez mal dormi la nuit dernière.

MADAME MULLER.

Sans doute, ça doit être cela.

MARGUERITE.

Eh bien! si vous faisiez un petit somme?... il ne faut pas se gêner dans l'intimité; moi, j'ai mes comptes à examiner.

MADAME MULLER.

C'est que, je ne sais pas comment le prendra le comte Carle?

MARGUERITE.

Il ne s'en apercevra pas; ce n'est pas moi qui irai le prévenir, soyez-en sûre.

MADAME MULLER, *avec inquiétude.*

Ah ! vous m'avez fait trop boire... il me semble que j'ai des paupières de plomb.

MARGUERITE.

Vous avez tort de résister au sommeil; c'est très mauvais pour la santé.

MADAME MULLER, *luttant contre le sommeil.*

Je voudrais... la consigne... non, je ne puis plus lutter... je ne puis plus.... c'est impossible. (*Elle s'endort.*)

MARGUERITE.

Elle dort !... mon stratagème a réussi... je n'ai plus qu'à poursuivre mon plan. Je vais l'attacher sur sa chaise avec ce ruban de fil. Est-il solide? (*Essayant le ruban.*) Oui... mais l'opération est délicate... Allons bien doucement... (*Elle commence à attacher M*ᵐᵉ *Muller, qui se réveille à moitié.*) Aïe ! elle se réveille.

MADAME MULLER.

Que faites-vous ? Laissez-moi.

MARGUERITE.

C'est pour vous empêcher de tomber de votre siège.

MADAME MULLER.

Ah ! merci de l'attention... mais je ne sais !... mon Dieu que j'ai sommeil ! (*Elle se rendort.*)

MARGUERITE.

L'ivresse est la plus forte... continuons notre besogne... encore un tour... puis ce nœud. La voilà bien ficelée et dans l'impossibilité de bouger... Maintenant rédigeons notre dépêche de peur de nous tromper. (*Elle écrit.*) C'est le cas d'être brève. La porte tiendra-t-elle le temps d'envoyer ces quinze mots?... je le crois, je l'espère. Le Ciel me protège! (*Elle fait marcher l'appareil télégraphique.*)

UNE GROSSE VOIX, *à la cantonade.*

Mille diables!... qu'est ceci? Capitaine Von Murger?

L'OFFICIER BAVAROIS, *à la cantonade.*

Je ne sais pas, mon général... ou plutôt je crois que c'est le bruit du disque télégraphique.

LE GÉNÉRAL.

Quoi, sans ordre?

L'OFFICIER BAVAROIS.

Pourtant la cantinière est auprès d'elle et ne doit pas la quitter des yeux... je lui ai donné les ordres les plus précis... Charlotte, madame Muller? (*L'officier regardant au guichet.*) Elle ne répond pas... sa figure est toute rouge.

LE GÉNÉRAL, *furieux.*

Corbleu! ne voyez-vous pas qu'elle est ivre-morte! C'est un tour de la Française.

L'OFFICIER BAVAROIS, *à Marguerite.*

Mademoiselle? arrêtez, que faites-vous?

MARGUERITE.

Mon devoir. (*Elle continue imperturbablement pendant tout le dialogue suivant à faire mouvoir le disque du télégraphe.*)

LE GÉNÉRAL, *impérieusement.*

Arrêtez la receveuse.

L'OFFICIER BAVAROIS.

La porte est fermée en dedans.

LE GÉNÉRAL.

Soldats, enfoncez-la! (*Grand bruit dans la coulisse.*)

FUSILLEZ-LA PAR LE GUICHET!

MADAME MULLER, *se réveillant.*

Qu'est-ce qu'il y a?... je suis attachée!... je suis attachée!

LE GÉNÉRAL, *à M⁰ᵉ Muller, avec colère.*

Ah! chienne! tu me la payeras, ton ivrognerie. Il faut interrompre à tout prix ce télégramme. Cessez immédiatement,
employée?... Elle ne répond pas... Alors, armez les fusils,
cette porte résiste trop longtemps... et fusillez-la par le guichet.

L'OFFICIER BAVAROIS.

Tirer sur une femme!...

LE GÉNÉRAL, *durement.*

On ne raisonne pas sous les armes. Soldats, armez les fusils.

MADAME MULLER, *qui est parvenue à se dégager à moitié*
de ses liens, avec effroi.

Prenez garde de m'atteindre! ne me tuez pas, ne me tuez
pas! Comte Carle, au secours!

MARGUERITE.

La dépêche est envoyée!...

LE GÉNÉRAL.

En joue!

MARGUERITE, *levant les bras au ciel.*

Oh! mon Dieu! Pour la patrie!

LE GÉNÉRAL.

Feu! (*Coups de feu, Marguerite tombe.*)

FIN DU TROISIÈME TABLEAU

QUATRIÈME TABLEAU

LA CROIX D'HONNEUR

SCÈNE PREMIERE

La scène représente une salle d'attente dans une ambulance.

MADAME DE SAINT-ROMAIN, ROSE.

MADAME DE SAINT-ROMAIN.

Vous dites, Rose, que la sœur a permis à la cantinière prussienne de se lever.

ROSE.

Oui, son bras va mieux; elle n'a plus de fièvre et d'ailleurs la salle est tellement encombrée, que sœur Barbe engage tous ceux qui peuvent se tenir sur leurs jambes à en sortir pour donner un peu d'air et d'espace aux autres.

MADAME DE SAINT-ROMAIN.

Elle fait bien. Et Marguerite?

ROSE.

Je l'ai laissée assise devant une table dans la petite chambre que nous partageons ensemble; elle fait manœuvrer un télégraphe imaginaire, puis elle murmure des passages de chansons patriotiques que je lui ai souvent entendu chanter à son grand-père; par moments on dirait qu'elle récite des leçons comme quand nous allions en classe.

MADAME DE SAINT-ROMAIN.

Des poésies, sans doute.

ROSE.

Ma foi, je ne sais pas. Je ne me connais guère dans ces choses-là... Et puis elle reste des heures sans dire un mot.

MADAME DE SAINT-ROMAIN.

Vous reconnaît-elle ?

ROSE.

Pour ça oui; quand par hasard elle fait attention à moi (ce qui est rare), elle m'appelle très bien par mon nom.

MADAME DE SAINT-ROMAIN.

C'est bon signe.

ROSE.

Est-ce que le docteur croit qu'elle retrouvera jamais ses idées?

MADAME DE SAINT-ROMAIN.

Oui, il m'en donne l'assurance. Il prétend qu'il s'agit d'un trouble mental passager occasionné par une commotion violente et que la raison lui reviendra soit peu à peu, soit par une autre secousse. Je regrette que mon mari ne lui ait pas remis cette croix d'honneur qu'il lui apporta l'autre jour; je m'imagine qu'en la voyant elle aurait recouvré la raison.

ROSE.

Elle était bien mal ce jour-là, tout à fait dans le délire. Maintenant qu'elle est plus calme, ça réussirait peut-être mieux.

MADAME DE SAINT-ROMAIN.

Je pourrai tenter l'épreuve, puisque la croix est en ma possession. La nomination dans l'ordre de la Légion d'honneur est un fait accompli, quoique la titulaire ne se soit pas encore trouvée en état d'en recevoir les insignes. J'espère que vous n'avez pas laissé Marguerite seule?

ROSE.

Non, Fleurette est avec elle, et ne la quitte pas d'une minute.

MADAME DE SAINT-ROMAIN.

Fort bien. Avez-vous vu quelqu'un du quartier prussien ce matin?

ROSE.

Oui, la sœur Marie-Joseph.

MADAME DE SAINT-ROMAIN.

Eh bien? comment va le comte Von Murger?

ROSE.

Beaucoup mieux.

MADAME DE SAINT-ROMAIN.

J'en suis très heureuse. Je m'intéresse d'autant plus à lui que je l'ai connu jadis à Paris, à l'ambassade de Prusse.

ROSE, *sèchement.*

Moi, je ne m'intéresse à aucun Allemand.

MADAME DE SAINT-ROMAIN, *sévèrement.*

Rose, Rose! il n'y a plus ici ni Français, ni Prussiens, il n'y a que des blessés. (*Rose baisse la tête d'un air à la fois confus et obstiné.*) Allez me chercher Madame Muller, j'ai besoin de lui parler. On a trouvé dans ses vêtements une photographie de moi soigneusement encadrée, et je voudrais qu'elle me donnât quelques explications sur un fait aussi étrange.

ROSE.

Justement elle est dans la cour, qui se promène au soleil

devant cette fenêtre... je vais lui faire signe. (*Elle frappe un léger coup à la fenêtre.*) Elle m'a vue... elle vient.

MADAME DE SAINT-ROMAIN.

Eh bien, Rose, je ne vous retiens plus, car la sœur Barbe doit avoir besoin de vous.

ROSE.

Je vais la rejoindre, madame; certes l'ouvrage ne manque pas, on ne sait à qui entendre.

MADAME DE SAINT-ROMAIN.

En effet, vous devez être bien fatiguée?...

ROSE.

Ça me va, madame; il ne faut pas me plaindre; quand on travaille, on ne pense point. (*Elle sort.*)

SCÈNE II

MADAME DE SAINT-ROMAIN, MADAME MULLER
un bras en écharpe.

MADAME DE SAINT-ROMAIN.

Charmée, madame Muller, de vous revoir sur pied.

MADAME MULLER.

Madame est bien bonne; mais si je marchais à quatre pattes, madame ne pourrait pas me faire ce compliment; mon pauvre bras est encore aussi raide qu'une baïonnette française.

MADAME DE SAINT-ROMAIN.

Il faut laisser à la guérison le temps de s'opérer.

MADAME MULLER.

Et puis, j'ai les nerfs dans un état que ça fait pitié… Toutes les nuits, dès que je m'endors, j'entends la grosse voix du général crier : En joue, feu!… Rien que de me rappeler cette scène, il me semble que je vais devenir folle comme la pauvre receveuse des postes.

MADAME DE SAINT-ROMAIN.

Je comprends que vous en ayez gardé une terrible impression… Cependant il faut observer que c'était Marguerite et non pas vous qu'on faisait fusiller.

MADAME MULLER.

Nous avons bien failli l'être toutes les deux.

MADAME DE SAINT-ROMAIN.

Vous avez reçu ce qu'on appelle, je crois, une balle en retour, mais c'est un véritable miracle qu'elle n'ait pas été atteinte.

MADAME MULLER.

Oh! je sais bien ce qui s'est passé moi. Le comte Carle lui a tout simplement sauvé la vie en s'écriant : Tirer sur une femme!… Ses soldats, tous des Bavarois, ont bien compris qu'il n'approuvait pas l'exécution, et les deux ou trois fusils qui ont pu trouver place dans le guichet n'ont pas été braqués sur Marguerite… j'ai vu la trace des balles; les bons enfants ont tiré au-dessus et à côté; mais ne le dites pas, au moins?

MADAME DE SAINT-ROMAIN.

Soyez tranquille.

MADAME MULLER.

Au premier moment j'ai bien cru que c'en était fait d'elle quand je l'ai vue tomber. Elle est restée plus de deux heures évanouie, si bien que la petite Fleurette pensait aussi qu'elle était morte et poussait des cris affreux... Du reste elle n'en vaut guère mieux, la pauvre demoiselle.

MADAME DE SAINT-ROMAIN.

Elle peut se remettre, du moins je l'espère... Mais ce n'est pas pour vous parler de Marguerite que je vous ai fait venir. (*Tirant le cadre de sa poche.*) Connaissez-vous cela?...

MADAME MULLER, *à part.*

Diable! Le cadre de la receveuse. (*Haut, avec indifférence.*) Moi? Oh! pas du tout, madame.

MADAME DE SAINT-ROMAIN, *d'un ton soupçonneux.*

Il faut cependant que vous m'expliquiez comment une photographie de moi, que j'ai donnée à Marguerite Liébach, lors de mon passage chez elle, a été trouvée dans vos poches.

MADAME MULLER, *avec un peu d'embarras.*

Mais je ne sais pas. Comme ça, c'est votre photographie? (*A part.*) En voilà un guignon! J'aurais mieux fait de prendre le cadre sans la figure. (*Haut.*) Il y a des choses inexplicables dans la vie de ce monde.

MADAME DE SAINT-ROMAIN, *sévèrement.*

Pas celle-là!... je me l'explique très bien au contraire. Vous avez volé cette photographie, je le devine aisément. C'est à merveille, je préviendrai vos chefs que vous vous livrez au pillage.

MADAME MULLER, *d'un ton suppliant.*

Ah! mein Got! ne faites pas cela, ma bonne dame. C'était un souvenir de cette gentille demoiselle que j'ai voulu emporter.

MADAME DE SAINT-ROMAIN.

Malgré elle, apparemment, ce qui fait une jolie différence.

MADAME MULLER.

Et puis ma cousine Gretchen m'avait priée de lui rapporter quelque chose de la guerre, rien qu'une misère, pourvu que ça eût appartenu à un Français.

MADAME DE SAINT-ROMAIN, *ironiquement*.

Tout à fait touchante cette recommandation! le pillage sentimental!

MADAME MULLER, *pleurant*.

Ah! mein Got! ne portez pas plainte contre moi... j'ai déjà été à moitié fusillée.

MADAME DE SAINT-ROMAIN.

Enfin tâchez que votre conduite ne laisse plus rien à désirer et je vous ferai peut-être grâce.

MADAME MULLER.

Merci, ma bonne dame, vous n'obligerez pas une ingrate! le ciel lit dans mon cœur.

MADAME DE SAINT-ROMAIN, *en riant*.

Je ne voudrais pas être à sa place.

MADAME MULLER.

Comme ça vous gardez le cadre?

MADAME DE SAINT-ROMAIN.

Bien entendu.

MADAME MULLER, *à part*.

Évidemment elle veut le garder pour elle. Il ne faut pas la contrarier. (*Haut*). Ah! voilà la receveuse.

SCÈNE III

LES MÊMES, ROSE, MARGUERITE, FLEURETTE. Cette dernière tient une fiole et un verre ; Marguerite entre, la démarche incertaine, l'air égaré.

FLEURETTE, à *Marguerite.*

Allons, ma chère Marguerite, prenez cette potion calmante que la sœur Barbe vous a préparée... vous savez bien, la bonne sœur dont vous aimez tant les soins?

ROSE.

Buvez, Marguerite.

MARGUERITE, *avec égarement.*

Je n'en veux pas, c'est du kirsch... il faut le faire prendre à la Prussienne... (*Apercevant M™ Muller.*) Tenez, la voilà.

MADAME MULLER.

Elle me fait peur avec ses yeux égarés.

MADAME DE SAINT-ROMAIN.

Soyez raisonnable, ma chère Marguerite, et acceptez les remèdes qui doivent vous guérir. Déjà vous êtes mieux, beaucoup mieux.

MARGUERITE.

Laissez-moi... (*Elle s'échappe de leurs mains et va écouter à une porte.*) Ils sont là, à côté... ils boivent le vin du maire... je reconnais les bouteilles... Ah! ils me font signe de venir boire avec eux!... Je n'ai pas le temps, je n'ai pas le temps!... il faut que je fasse partir ma dépêche, messieurs, et puis il n'y a que les cantinières prussiennes qui s'enivrent avec les soldats.

MADAME MULLER, *avec humeur.*

Ce n'est pas bien gentil, ce qu'elle dit là.

ROSE.

Le bon Dieu se plaît parfois à donner des leçons par la bouche des innocents.

MADAME MULLER, *avec aigreur.*

Ce sont des phrases que vous avez prises à la sœur Barbe.

MADAME DE SAINT-ROMAIN.

Il vaut mieux prendre des phrases que toute autre chose, madame Muller.

MARGUERITE, *avec égarement.*

La porte tiendra-t-elle?... la dépêche a quinze mots y compris la signature... ils m'ont entendue... ce disque fait trop de bruit!... (*Avec un effroi croissant.*) Le général crie: Fusillez-la!... fusillez-la... Ils vont m'assassiner... où fuir?... où me cacher?... (*Se jetant dans les bras de M*ᵐᵉ *de Saint-Romain.*) Oh! mon Dieu, sauvez-moi, sauvez-moi!

MADAME DE SAINT-ROMAIN, *avec douceur.*

Calmez-vous, mon enfant, vous êtes la proie d'un affreux cauchemar qui n'a rien de réel, dans le présent du moins... Jetez les yeux autour de vous, vous ne verrez que des amis... voilà Rose, votre compagne d'enfance; la petite Fleurette, qui vous est si dévouée.

MARGUERITE, *montrant M*ᵐᵉ *Muller.*

Mais là! là!

MADAME DE SAINT-ROMAIN.

C'est Madame Muller, mais elle ne veut point vous faire du mal. Voyez, la pauvre femme est blessée.

MADAME MULLER.

C'est moi, Charlotte-Dorothée-Wilhelmine, tout à votre service, Marguerite.

MARGUERITE, *semblant revenir à elle.*

Ah! oui, je rèvais!... donne-moi à boire, Fleurette.

MADAME DE SAINT-ROMAIN.

Vite la potion !

ROSE, *elle fait boire Marguerite.*

La voilà.

MADAME DE SAINT-ROMAIN.

Elle est plus tranquille... l'expression de son visage est meilleure.

FLEURETTE.

Il me semble aussi.

MADAME DE SAINT-ROMAIN.

Veillez sur elle... je pars et je reviens. Je suis résolue à tenter une épreuve.

SCÈNE IV

ROSE, FLEURETTE, MARGUERITE.

FLEURETTE.

Que veut-elle dire?

ROSE.

En vérité, ma petite, je n'en sais rien. Elle doit avoir son idée.

FLEURETTE, *à Marguerite qu'elle conduit vers un siège.*

Asseyez-vous, Marguerite, vous êtes encore toute tremblante.

MARGUERITE, à *Fleurette.*

Ne me quitte pas! (*Montrant Mme Muller.*) Ne me laisse pas avec cette femme!

MADAME MULLER.

Je ne sais pas ce qu'elle a contre moi; je ne lui ai rien fait : au contraire, j'ai reçu une balle pour avoir été trop aimable avec elle.

ROSE.

C'est-à-dire pour vous être enivrée.

MADAME MULLER, *avec humeur.*

C'est elle qui m'a fait boire quand je n'y songeais pas, et bien plus que je n'aurais voulu.

MARGUERITE, *chantant.* (Air *du Vieux Sergent*, Béranger.)

> Près du rouet de sa fille chérie
> Le vieux sergent se distrait de ses maux,
> Et d'une main que la balle a meurtrie
> Berce en riant ses petits-fils jumeaux.
> Assis tranquille au seuil du toit champêtre,
> Son seul refuge après tant de combats,
> Il dit parfois : « Ce n'est pas tout de naître (*bis*)
> Dieu, mes enfants, vous donne un beau trépas. »

(*Parlé. D'un ton mélancolique.*) Fleurette, est-ce que ce vieux sergent ne s'appelait pas le Père la Victoire?...

FLEURETTE.

Oui, c'était le nom qu'on lui avait donné au village.

MADAME MULLER.

On dirait que la mémoire lui revient un peu.

ROSE.

En effet; mais écoutez, elle reprend sa chanson.

MARGUERITE, *chantant.*

De quel éclat brillaient dans la bataille
Ces habits bleus par la victoire usés !
La liberté mêlait à la mitraille
Des fers rompus et des sceptres brisés.
Les nations, reines par nos conquêtes,
Ceignaient de fleurs le front de nos soldats;
Heureux celui qui mourut dans ces fêtes (*bis*)
Dieu, mes enfants, vous donne un beau trépas.

(*Parlé.*) Il est mort sur son fauteuil, le soleil se couchait,
le brillant soleil de prairial ; mais après tout devient sombre,
et des spectres étranges coiffés de casques aux cimiers aigus
s'agitent confusément dans l'ombre autour de nous... ils
montent par le chemin creux, ils arrivent de tous côtés; oh!
mon Dieu!... l'effroyable marée vivante... elle nous sub-
merge... le flot monte, monte toujours... et je vois un grand
navire tout désemparé qui se balance à la crête de ces vagues
aux reflets d'acier... son gouvernail est rompu... ses voiles
pendent en lambeaux lamentables sur ses mâts brisés, mais il
lui reste deux biens précieux : son équipage et son pavillon...
le port n'est pas très loin, il me semble... pourra-t-il y entrer?

SCÈNE V

LES MÊMES, MADAME DE SAINT-ROMAIN.

DAME DE SAINT-ROMAIN, *qui est entrée doucement pendant les dernières phrases prononcées par Marguerite.*

Espérons-le, mon enfant, ce navire en détresse c'est notre
chère patrie, n'est-ce pas! Si elle compte beaucoup d'enfants
tels que vous, elle peut tout attendre de l'avenir.

MARGUERITE, *d'un ton plus naturel.*

Quelle est cette dame? Je l'ai déjà vue, mais où? je l'ignore.

FLEURETTE.

C'est Madame de Saint-Romain, la femme du général; vous savez, elle s'est arrêtée à Saint-Claude.

MADAME DE SAINT-ROMAIN.

Oui, la femme du général de Saint-Romain, et c'est mon mari qui est venu il y a peu de jours vous apporter la plus grande comme la plus méritée des récompenses.

MARGUERITE, *à Fleurette.*

Que me dit-elle?

MADAME DE SAINT-ROMAIN, *prenant une croix dans un écrin.*

Regardez!... connaissez-vous ces insignes?...

MARGUERITE, *changeant de ton et avec fermeté.*

Oui, je reconnais la croix des braves, celle qui brillait sur la poitrine de mon grand-père.

MADAME DE SAINT-ROMAIN.

Eh bien, Marguerite Liébach, le gouvernement de la Défense nationale, pour récompenser dignement les services que vous avez rendus au pays, vous a décorée de la croix de la Légion d'honneur.

MARGUERITE, *avec émotion.*

La croix de la Légion d'honneur à moi, pauvre femme?... Ah! si mon grand-père était ici! (*Elle se met à pleurer.*)

MADAME DE SAINT-ROMAIN, *avec joie.*

Elle pleure!... elle est sauvée. Courez, madame Muller, prévenir la sœur Barbe de cette résurrection de son intelligence. Vous la trouverez dans la salle des Prussiens.

MADAME MULLER.

J'y vais, madame.

SCÈNE VI

MARGUERITE, ROSE, FLEURETTE, MADAME DE SAINT-ROMAIN.

MADAME DE SAINT-ROMAIN, *à Marguerite.*

Laissez-moi, chère enfant, attacher cette croix sur votre noble cœur. C'est une vraie joie pour moi de vous voir l'objet d'une pareille distinction. (*Elle attache la croix sur la poitrine de Marguerite.*)

MARGUERITE, *d'une voix attendrie.*

Ah! madame! la France me comble, alors que je n'ai fait que mon devoir envers elle.

MADAME DE SAINT-ROMAIN.

Vous vous êtes admirablement conduite.

ROSE, *embrassant Marguerite.*

Vous serez la gloire de notre village!... que diront-ils là-bas quand ils sauront cela!

FLEURETTE, *embrassant les mains de Marguerite.*

Ah! que je suis fière! que je suis contente, moi votre fille d'adoption.

MARGUERITE.

Merci, mes amis; il me semble que je sors d'un long sommeil agité de rêves affreux.

MADAME DE SAINT-ROMAIN.

Vous avez été bien malade pendant longtemps. Votre esprit avait reçu un choc violent et il a fallu des jours, des semaines...

MARGUERITE.

Et vos bons soins pour l'en remettre. Que ne vous dois-je pas, madame?... Maintenant je me souviens de tout.

MADAME DE SAINT-ROMAIN.

Cherchez pour le moment à écarter ces pénibles souvenirs; vous avez besoin de repos.

MARGUERITE.

Oui, j'éprouve une grande lassitude.

MADAME DE SAINT-ROMAIN.

Il faudra quelque temps pour que vos forces reviennent.

FLEURETTE.

Nous la soignerons bien.

MARGUERITE.

Et cette sœur qui s'est occupée de moi avec tant de charité?

MADAME DE SAINT-ROMAIN.

La bonne sœur Barbe? Je l'ai envoyé prévenir, et tenez, la voici.

SCÈNE VII

LES MÊMES, SŒUR BARBE, MADAME MULLER.

SŒUR BARBE, à *Marguerite*.

Ah! chère enfant!... Béni soit Dieu qui a exaucé les prières que nous faisions pour vous!

MARGUERITE.

Merci, ma sœur, de toutes vos bontés; j'avais hâte de vous exprimer ma reconnaissance.

MADAME DE SAINT-ROMAIN, *à sœur Barbe.*

Et cette croix sur sa poitrine, vous ne lui en dites rien?

SŒUR BARBE.

Madame, je ne connais moi que la croix de notre Sauveur. (*A Marguerite.*) Cependant, ma fille, quand on est du monde, comme vous, il est naturel d'apprécier les honneurs qu'il confère; recevez donc mes félicitations pour cette insigne distinction dont vous êtes l'objet. Peu de femmes l'ont reçue avant vous, restez-en toujours digne et méritez-la tous les jours de votre vie.

MARGUERITE, *modestement.*

Je tâcherai, ma sœur.

SŒUR BARBE, *avec un peu d'embarras.*

Maintenant, ma chère enfant, je suis chargée à votre égard d'une bien étrange commission, étrange pour une religieuse, et je me demande si je ne devrais pas avant tout vous en parler en particulier.

MADAME DE SAINT-ROMAIN.

N'est-ce que cela? je vais me retirer, ma sœur.

MARGUERITE.

Je vous en prie, madame. (*A sœur Barbe.*) Parlez haut, ma sœur, s'il s'agit de moi, je n'ai point de secret.

SŒUR BARBE, *à Marguerite.*

Le comte Von Murger, que nous avons à l'ambulance comme blessé, est resté extrêmement malheureux, sinon d'avoir joué un rôle dans l'horrible scène où vous avez failli perdre la vie, du moins d'en avoir été le témoin passif alors qu'il aurait voulu pouvoir vous défendre; chaque jour il s'informait avec anxiété de l'état de votre santé, et lorsque tout à l'heure il a appris que vous aviez recouvré la raison, il n'a pas hésité à me communiquer un projet sans doute mûri depuis longtemps dans son cœur. Il m'a chargée de vous demander en mariage.

MARGUERITE, *avec étonnement.*

Moi!...

MADAME MULLER, *avec enthousiasme.*

Oh! c'est très gentil ça! c'est très gentil!

MADAME DE SAINT-ROMAIN, *à Marguerite.*

Rappelez-vous, ma chère Marguerite, que c'est évidemment à la noble protestation de ce jeune officier que vous devez d'avoir échappé à la mort. Il est manifeste que les soldats chargés de tirer sur vous n'ont pas visé.

MADAME MULLER, *avec orgueil.*

Oh certes! les soldats prussiens tirent mieux que cela, allez!... je les connais, moi!

MADAME DE SAINT-ROMAIN.

Je dois ajouter que j'ai rencontré ce jeune homme à Paris, qu'il est à merveille et d'une excellente famille bavaroise.

MADAME MULLER.

Je le crois bien, nous sommes parents.

MARGUERITE.

Ma sœur, veuillez répondre au comte Von Murger que je le remercie de l'honneur qu'il veut bien faire à une pauvre fille comme moi, receveuse des postes dans un obscur village, en lui offrant son nom. Je sens tout ce qu'il y a de généreux dans sa proposition, sachant parfaitement la distance qui nous sépare; mais il en est une plus considérable encore: il est Allemand, je suis Française, et la petite-fille du Père la Victoire aimerait mieux épouser le plus pauvre laboureur français que le plus grand seigneur allemand. Cependant, si vous croyez, ma sœur, que ces objections soient de nature à le blesser, dites-lui, ce qui est aussi la vérité, que je suis engagée depuis longtemps à mon cousin Daniel, en ce moment à l'armée, et mon grand-père m'a re commandé, à son lit de mort, d'aller le rejoindre dès que la guerre serait terminée. Nous nous marierons donc comme c'était le vœu de notre aïeul commun, mais nous n'irons pas reconstruire notre foyer détruit dans le village qui nous a vus naître; tant que le drapeau étranger flottera sur ses ruines, nous ne voulons pas y rentrer.

MADAME DE SAINT-ROMAIN.

Où irez-vous alors? et quels sont vos projets?...

MARGUERITE.

Nous irons vivre sur un point quelconque du territoire français avec nos souvenirs et nos espérances et si Dieu nous accorde des enfants (*Avec force*), nous les éleverons pour la revanche.

FIN DU QUATRIÈME ET DERNIER TABLEAU.

L'ONCLE D'AMÉRIQUE

COMÉDIE EN UN ACTE

MADEMOISELLE PINSON, vieille fille.
MARIANNE, jeune fille, nièce de la précédente.
LE CAPITAINE FLABERT, vieillard.

L'ONCLE D'AMÉRIQUE

___

SCÈNE PREMIÈRE

La scène représente un salon modeste, mais bien tenu ; une cheminée, un bon
fauteuil de chaque côté ; on aperçoit une table à jeu dans un coin du salon ;
lorsque la toile se lève, mademoiselle Pinson est assise auprès de la cheminée,
un tricot est posé à côté d'elle.

MADEMOISELLE PINSON, *d'un ton mélancolique.*

Ce que c'est que d'être une pauvre vieille fille ! On est seule,
on s'ennuie, on ne sait comment passer sa soirée !... Il fait
un temps affreux aujourd'hui et ce n'est pas pour le plaisir de
me voir que personne songera à se mouiller. J'irais bien chez

Madame Grandet, si elle n'habitait pas si loin; mais à mon
âge s'exposer au mauvais temps, c'est tenter les rhumatismes,
et puis j'ai peur de revenir seule et j'éprouve une sorte d'embarras à accepter le bras des jeunes gens de la maison; c'est
une corvée pour eux de ramener la vieille amie de leur
grand'mère, je ne me fais pas d'illusion à ce sujet. Il y a aussi
ma cousine, Madame Ribert, qui demeure là, tout à côté; mais
elle se couche à huit heures, de crainte de faire veiller sa servante Marthe. Tiens!... une idée!... Si j'engageais mon nouveau locataire, le vieux capitaine Flabert, à descendre un peu
chez moi... Je l'entends qui marche de long en large dans
sa chambre, la solitude lui pèse peut-être autant qu'à moi...
Allons, je vais l'appeler; en s'ennuyant à deux, on s'ennuie
toujours un peu moins. (*Elle se lève et va vers la porte, puis
s'arrête et semble réfléchir.*) Mais, j'y pense, l'appeler ainsi tout
bonnement, c'est d'un sans-gêne! et puis on n'aime pas à
avouer son dénuement! On a beau être vieille, il vous reste
toujours un petit brin d'amour-propre féminin, qui souffrirait
d'une pareille manière d'agir. Si j'inventais plutôt un prétexte
pour l'attirer ici? mais lequel?... Ah! voilà; je vais lui dire
que je crains... Voyons? qu'est-ce que je pourrais bien
craindre? on flatte toujours un homme quand on lui demande
aide et protection. (*Elle réfléchit.*) Eh bien! je vais lui dire
que le feu est à la cheminée. (*Elle ouvre sa porte et appelle.*)
Capitaine! capitaine!

LE CAPITAINE, à la cantonade.

Qu'y a-t-il pour votre service, ma voisine?

MADEMOISELLE PINSON.

Vous pouvez m'en rendre un bien grand, capitaine, en des-
cendant un instant chez moi.

LE CAPITAINE, à la cantonade.

N'est-ce que cela? Avec plaisir, mademoiselle Pinson.

MADEMOISELLE PINSON.

Mais hâtez-vous, je crois que le feu est à ma cheminée. (*A part.*) Le vent souffle si bien dans le tuyau que cela peut faire illusion et donner beaucoup de vraisemblance à mon invention.

LE CAPITAINE, *à la cantonade.*

J'arrive, mademoiselle Pinson, j'arrive aussi vite que me le permet ma jambe blessée.

SCÈNE II

MADEMOISELLE PINSON, LE CAPITAINE (*en robe de chambre*)

MADEMOISELLE PINSON.

Mille pardons de vous avoir dérangé, mais il y a un bruit suspect dans ma cheminée. Là, entendez-vous? (*Ils écoutent.*)

LE CAPITAINE, *gravement.*

D'abord, l'avez-vous fait ramoner?

MADEMOISELLE PINSON.

Mon Dieu, non!

LE CAPITAINE, *sévèrement.*

Quel mauvais exemple, madame, de la part d'un propriétaire!

MADEMOISELLE PINSON.

J'en conviens, mais écoutez donc! (*Tous les deux se penchent vers la cheminée et écoutent de nouveau.*)

LE CAPITAINE.

En effet, j'entends là-haut comme un roulement... Êtes-vous assurée, mademoiselle Pinson? Tout est là!

MADEMOISELLE PINSON.

Assurée? mais non; je n'ai jamais pensé à cela.

LE CAPITAINE, *se dirigeant résolument vers la fenêtre.*

Alors, il faut appeler les pompiers par la fenêtre, crier au feu! Vous allez juger si j'ai encore ma voix de commandement.

MADEMOISELLE PINSON, *effarée.*

Attendez un peu d'abord, je vous en prie.

LE CAPITAINE, *avec autorité.*

Laissez donc; il n'y a pas à barguigner.

MADEMOISELLE PINSON.

Je me trompe sans doute, et faire venir les pompiers pour rien!

LE CAPITAINE, *avec animation.*

Pour rien!... mais il s'agit peut-être de sauver un immeuble non assuré!... sans parler de ma bibliothèque et de mes panoplies! Mille bombes! c'est que mon mobilier n'est pas plus assuré que votre maison! Appelons vite les pompiers; fort heureusement le poste n'est pas loin.

MADEMOISELLE PINSON, *avec angoisse.*

Non, non!

LE CAPITAINE, *ouvrant la fenêtre.*

Au feu! au feu!

MADEMOISELLE PINSON, *fermant précipitamment la fenêtre.*

Taisez-vous donc, malheureux! vous allez ameuter tout le quartier! Et tenez, je le crois, j'en suis même sûre maintenant, le bruit que nous entendons est tout simplement produit par le vent dans la cheminée.

LE CAPITAINE.

Ah! fort bien; que ne le disiez-vous plus tôt?

MADEMOISELLE PINSON, *d'un ton mélancolique.*

Que voulez-vous? on est seule, on est triste! le moindre bruit vous impressionne!... vous ne prenez jamais peur, vous?

LE CAPITAINE.

Ma foi, non; mais je prends froid, ce qui ne vaut guère mieux. Je m'endors au coin de ma cheminée, le feu baisse, s'éteint même sans que je m'en aperçoive et je finis par être réveillé par un formidable éternuement, avant-propos d'un rhume de cerveau.

MADEMOISELLE PINSON, *d'un ton insinuant.*

Je suis sûre que vous avez oublié de mettre du bois ce soir et que votre foyer est tout noir?

LE CAPITAINE.

Cela se pourrait!

MADEMOISELLE PINSON, *d'un ton engageant.*

Eh bien! restez ici; je ne dors jamais le soir, moi, malheureusement, car c'est une ressource, mais aussi mon feu et ma lampe ne s'éteignent point faute de vigilance; restez donc avec moi; nous deviserons, ça nous distraira.

LE CAPITAINE.

Je ne demanderais pas mieux, mademoiselle, car je m'ennuie furieusement dans mon tiroir, mais mon costume est plus que négligé pour passer la soirée avec une dame; une robe de chambre, des pantoufles. (*Jetant les yeux sur son costume.*) En vérité, je n'ose.

MADEMOISELLE PINSON.

Bah! entre voisins! et puis vous avez été pris à l'improviste;

moi, j'ai mon vieux bonnet et mon peignoir du matin. Nos toilettes se valent bien.

LE CAPITAINE.

Enfin, puisque vous le voulez!

MADEMOISELLE PINSON.

Certainement. Allons! ne vous faites pas prier davantage.

LE CAPITAINE.

Je cède, mademoiselle, je cède.

MADEMOISELLE PINSON, *lui montrant un siège.*

Et prenez place en face de moi.

LE CAPITAINE, (*Il s'assied.*)

Volontiers; vos fauteuils sont excellents.

MADEMOISELLE PINSON.

Vous trouvez?... Comment passez-vous vos soirées habituellement?

LE CAPITAINE.

Fort tristement. J'essaye de lire l'*Annuaire*, que je referme bientôt après, car ma vue ne me permet pas de lire le soir, je fume ma pipe et je finis par m'endormir, comme je vous le disais tout à l'heure. Et vous, mademoiselle, vous avez au moins votre tricot, c'est quelque chose.

MADEMOISELLE PINSON.

Ne m'en parlez pas; si j'ai le malheur de laisser tomber une maille, c'est une affaire finie et je n'ai plus qu'à abandonner mon ouvrage jusqu'au lendemain matin; car je ne puis réparer ma bévue qu'à la lumière du soleil. Mais ce qui me prive le plus, c'est de ne pouvoir lire mon journal, qui arrive justement à l'entrée de la nuit; j'adore les feuilletons, et quand le numéro promet d'être intéressant, je fais bien des péchés de curiosité jusqu'au jour suivant. J'ai essayé des patiences, on m'avait vanté ce remède contre l'ennui, mais je l'ai trouvé pire que le mal; je n'aime que le whist en fait de jeux de cartes.

LE CAPITAINE.

Moi aussi; malheureusement il faut être trois pour y jouer; c'est bien dommage.

MADEMOISELLE PINSON.

Tout compte fait, on en est réduit à se réfugier dans sa propre pensée, comme dans un asile qu'il s'agit d'orner et de meubler le mieux possible. Sans modestie, je m'y entends assez bien, capitaine.

LE CAPITAINE.

Parbleu, les dames ont tant d'imagination! Il n'en est pas de même pour nous autres, vieux grognards. Nous avons nos souvenirs, et c'est tout; combien de fois me suis-je raconté mes campagnes?

MADEMOISELLE PINSON.

Les souvenirs ont du bon, mais l'imagination se sent à l'étroit dans leur cadre borné et la mienne a besoin des horizons vagues de l'avenir pour prendre tout son essor.

LE CAPITAINE.

Peste! vous avez encore l'esprit bien jeune, ma voisine! A quoi diable! pouvez-vous songer, qui vous entraîne aussi loin?

MADEMOISELLE PINSON, *d'un ton concentré.*

Je pense à l'héritage de l'oncle Joé.

LE CAPITAINE.

L'héritage de l'oncle Joé! Qu'est-ce donc?

MADEMOISELLE PINSON.

Mon petit roman que j'arrange, que j'allonge, que je commente, que je varie au gré de mon désir, selon les caprices de mon esprit, les besoins de mon cœur, la disposition où je me trouve, le temps qu'il fait !

LE CAPITAINE.

Voyons, expliquez-moi un peu mieux cela.

MADEMOISELLE PINSON.

Il faut vous dire d'abord que mon roman, comme beaucoup de romans du reste, contient un petit bout de réalité dont je vais tâcher de vous faire l'historique en m'efforçant de le distinguer de mes rêves.

LE CAPITAINE.

Ah ! mais distinguons bien, mademoiselle, que je puisse me rendre compte où finit l'histoire véritable et où commence le roman. Les dames ne sont pas très fortes pour tracer ces frontières-là.

MADEMOISELLE PINSON.

Elles seront aussi nettes que sur une carte d'état-major, je vous le promets.

LE CAPITAINE.

Voyons, je vous écoute.

MADEMOISELLE PINSON.

Mon grand-père Pinson, — vous voyez que le début de mon histoire me fait remonter un peu loin, — avait eu quatre enfants; mon père était l'aîné, puis venaient deux filles dont l'une ne vécut que quelques mois, tandis que l'autre est morte assez âgée, il y a peu d'années, dans un couvent d'ursulines où elle était entrée en religion. Le dernier, plus jeune de quinze ans que mon père, s'appelait Joseph et par abréviation Joé. Comme

il arrive souvent pour les derniers, cet enfant avait été fort
gâté, et, comme cela se voit généralement aussi, il n'en ré-
sulta rien de bon. Bref, Joé devenu grand garçon fit quelques
sottises; les parents trop indulgents n'étaient plus là pour les
excuser; le frère aîné, moins facile, se fâcha. Joé, accoutumé
à un meilleur traitement, montra de l'humeur, et parla de
s'expatrier; on ne prit pas ce dessein bien au sérieux d'abord,
mais le jeune homme, piqué au jeu, s'entêta dans son projet
et, finalement, partit pour l'Amérique, en jurant d'y faire fortune. En effet, deux ans après, il manda qu'il était en bonne
voie, un peu plus tard, qu'il gagnait quelque argent. Mon
pauvre père étant mort sur ces entrefaites, j'écrivis à mon
oncle Joé pour lui en faire part; il me répondit une lettre
excellente que j'ai encore...

LE CAPITAINE.

Et depuis?

MADEMOISELLE PINSON.

Et depuis je n'ai plus jamais entendu parler de lui.

LE CAPITAINE.

Voilà qui est fâcheux. Ce silence vient bien mal à propos
au moment où Joé commence à faire fortune. Et il dure?

MADEMOISELLE PINSON.

Depuis vingt ans.

LE CAPITAINE.

C'est long.

MADEMOISELLE PINSON.

En effet! mais c'est depuis ce moment que mon beau rêve
est commencé. Il m'aura au moins donné bien du plaisir le
pauvre oncle Joé, en me fournissant cette trame toujours neuve
sur laquelle j'ai brodé tant de jolies fantaisies.

LE CAPITAINE.

Et jamais, même indirectement, vous n'avez entendu parler
de lui?

MADEMOISELLE PINSON.

Mon Dieu! il y a bien une personne, un capitaine de navire
marchand, je crois, qui prétendait l'avoir rencontré au Ca-
nada, déjà vieux et marié à une jeune femme de ce pays-là!
Je vous demande si ça a le sens commun?

LE CAPITAINE.

Hum! ces choses-là arrivent quelquefois.

MADEMOISELLE PINSON, *avec animation.*

Allons donc! je n'en ai pas cru un mot.

LE CAPITAINE.

Enfin, mademoiselle...

MADEMOISELLE PINSON.

A un autre voyage, le même capitaine a encore prétendu
l'avoir rencontré; cette fois, il était veuf.

LE CAPITAINE.

Vous voyez!...

MADEMOISELLE PINSON, *étourdiment.*

Pour ça, je ne dis pas le contraire.

LE CAPITAINE, *vivement.*

Oh! mais, c'est trop fort, ma chère voisine!... Je sais bien
que les dames n'ont pas beaucoup de logique; toutefois vous
passez les bornes de ce qui est admis dans ce genre-là de la
part de votre sexe. Permettez-moi de relever un peu ce que
vous venez de dire.

MADEMOISELLE PINSON.

Tout ce que vous voudrez; mais n'avez-vous pas entendu frapper? (*Elle prête l'oreille.*)

LE CAPITAINE.

Ma foi, non; dans le feu de la conversation les bruits éloignés...

MADEMOISELLE PINSON.

(*On frappe.*) Tenez!... encore... Pour cette fois, je suis bien sûre qu'on a heurté à la porte d'entrée. Serait-ce ma femme de ménage qui a oublié quelque chose?... Il est bien tard.

LE CAPITAINE.

Voulez-vous que j'aille ouvrir?

MADEMOISELLE PINSON.

Non, non. Ne bougez pas du coin du feu; je préfère y aller moi-même.

(Elle sort.)

SCÈNE III

LE CAPITAINE *seul.*

Je vais profiter de son absence pour mettre une bûche au feu. La chère demoiselle, comme beaucoup de vieilles filles, pourrait être un peu serrée, et je crains que, malgré ses promesses, elle n'oublie volontairement de pourvoir la cheminée. (*Il met une bûche au feu.*) Il n'y a pas à se gêner, puisqu'elle a un oncle en Amérique. (*Il arrange le feu.*) Là, ça va flamber. Mais, hâtons-nous, la voici qui revient.

SCÈNE IV

LE CAPITAINE, MADEMOISELLE PINSON.

MADEMOISELLE PINSON, *un peu effarée.*

C'est inouï, c'est inouï!... Devinez ce qui m'arrive?

LE CAPITAINE.

Dispensez-m'en, mademoiselle; comme j'avais l'honneur de vous le dire tout à l'heure, je n'ai aucune imagination.

MADEMOISELLE PINSON.

Enfin, cherchez un peu.

LE CAPITAINE.

C'est inutile, je ne trouverai pas.

MADEMOISELLE PINSON.

Voyons, pour m'être agréable.

LE CAPITAINE.

Votre femme de ménage vous a donné son compte? On exproprie la maison? Cette dernière supposition ne me va pas du tout, mais enfin!

MADEMOISELLE PINSON.

Il m'arrive une dépêche!...

LE CAPITAINE.

Eh bien! ce n'est pas si étrange.

MADEMOISELLE PINSON.

A votre aise, moi je ne peux pas m'habituer à ces inventions modernes. Je leur trouve quelque chose de diabolique qui me bouleverse.

LE CAPITAINE.

C'est sans doute pour cela que vous n'avez pas encore pensé à ouvrir votre télégramme.

MADEMOISELLE PINSON.

J'y pense bien, mais je n'ose.

LE CAPITAINE.

C'est un enfantillage.

MADEMOISELLE PINSON.

Tout ce que vous voudrez, mais je n'ose pas. Le contenu d'une dépêche me fait toujours peur. (*Elle met ses lunettes.*) Qui peut m'adresser celle-là, et pourquoi?... Je n'en ai pas reçu deux dans ma vie!

LE CAPITAINE.

Cela se voit de reste.

MADEMOISELLE PINSON.

Enfin, il faut se décider. Mais qu'ai-je fait de mes lunettes?

LE CAPITAINE.

Elles sont sur votre nez.

MADEMOISELLE PINSON.

C'est vrai!... je suis si troublée!

LE CAPITAINE.

Allons, du courage.

MADEMOISELLE PINSON. (*Elle ouvre la dépêche.*)
D'abord des numéros.

LE CAPITAINE.

Passez, ça n'a pas d'importance.

MADEMOISELLE PINSON.

Ah! m'y voilà. (*Elle lit.*) « Mademoiselle Pinson, rue des Cloîtres, Mirebeau. »

LE CAPITAINE.

C'est votre adresse. Lisez plus loin.

MADEMOISELLE PINSON, *d'une voix tremblante.*

« Vous recevrez ce soir l'héritage de l'oncle Joé »... J'ai bien lu, voyez. (*Elle tend la dépêche au capitaine.*)

LE CAPITAINE.

Excusez-moi, c'est trop fin pour mes yeux; relisez vous-même.

MADEMOISELLE PINSON, *d'une voix étouffée.*

« Vous recevrez ce soir l'héritage de l'oncle Joé. »

LE CAPITAINE.

Signé?

MADEMOISELLE PINSON.

Signé : « Maître Gravochon, notaire à Saint-Nazaire. »

LE CAPITAINE.

Un notaire, c'est sérieux.

MADEMOISELLE PINSON, *d'une voix faible.*

Je crois que je vais me trouver mal.

LE CAPITAINE, *vivement.*

N'en faites rien au moins, je suis un mauvais infirmier, je vous en préviens.

MADEMOISELLE PINSON, *faisant mine de s'évanouir sans s'évanouir tout à fait.*

Mes sens m'abandonnent.

J'AI DIEN LU, VOYEZ.

LE CAPITAINE, *lui frappant dans les mains.*

Mademoiselle, prenez sur vous, prenez sur vous. Si vous ne vous remettez pas, je frappe plus fort, car je ne connais pas d'autre remède pour faire revenir les gens.

MADEMOISELLE PINSON, *se redressant brusquement.*

Aïe! C'est assez; je me sens mieux.

LE CAPITAINE.

A la bonne heure; mon remède est excellent, je le savais bien.

MADEMOISELLE PINSON.

Un peu énergique seulement. Mais laissons cela. Avais-je raison de compter sur l'héritage de l'oncle Joé?

LE CAPITAINE.

Il paraît!

MADEMOISELLE PINSON.

Eh bien! tout en y pensant sans cesse, je ne m'y attendais pas du tout.

LE CAPITAINE.

Voilà encore la logique des dames! Quoi qu'il en soit, recevez mes sincères félicitations pour cet héritage, espéré ou non.

MADEMOISELLE PINSON.

Merci, mon voisin; mais tout cela me fait l'effet d'un rêve, ou plutôt de mon rêve.

LE CAPITAINE.

Je serais presque de votre avis, s'il n'y avait pas la signature du notaire: ça donne tout de suite un caractère positif à une communication de ce genre. Un notaire, c'est toujours sérieux...

MADEMOISELLE PINSON.

Ah bah! j'en ai connu un qui faisait des bouts rimés et les débitait la bouche en cœur.

LE CAPITAINE.

On peut être poète et notaire, il n'y a pas d'incompatibilité. C'est égal, celui de Saint-Nazaire aurait bien dû allonger un peu sa dépêche et vous dire à combien s'élevait l'héritage.

MADEMOISELLE PINSON.

Vous avez raison; c'est un oubli impardonnable de sa part; il devait ajouter ce détail important. Quel peut être le chiffre de cet héritage?

LE CAPITAINE.

N'allez pas lâcher votre imagination dans le champ des hypothèses!

MADEMOISELLE PINSON.

Soyez tranquille; quand j'étais jeune et que je songeais à cet héritage, je me plaisais à supposer des millions à l'oncle Joé qui tombaient tout à coup dans mes mains et dont je faisais un emploi magnifique: j'achetais des châteaux, des bijoux, de superbes atours; je fondais des prix de vertu dans ma ville natale, je dotais les jeunes filles pauvres. Maintenant que je suis vieille, j'ai des ambitions plus modestes et, le croiriez-vous, capitaine? une grosse fortune qui m'obligerait à changer toutes mes habitudes ne me plairait pas du tout.

LE CAPITAINE.

Je le crois facilement. A nos âges on aime à rester tranquillement dans le nid qu'on s'est fait.

MADEMOISELLE PINSON.

Certainement, mais on n'est pas fâché d'y ajouter un peu d'ouate; et puis à tout âge on a ses petites fantaisies. Ainsi, admettez que j'hérite d'une cinquantaine de mille francs; c'est peu, n'est-ce pas? eh bien! j'aimerais à avoir une bonne à la place de ma femme de ménage pour ne pas être seule la nuit dans mon appartement, et si nous admettons que le legs s'élève à cent mille francs, il me ferait plaisir de donner à M. le curé une chasuble neuve pour les fêtes majeures; j'achèterais aussi un coucou pour ma cuisine et puis je me ferais faire une cheminée à la prussienne dans le salon.

LE CAPITAINE.

Pendant que vous y êtes, n'oubliez pas quelques réparations urgentes à la maison.

MADEMOISELLE PINSON.

Mais je ne dis pas non, je vous promets même le gaz dans l'escalier si la fortune de l'oncle Joé s'élève à cent cinquante mille francs; pourquoi pas, après tout? ce chiffre n'a rien d'exagéré.

LE CAPITAINE.

Je n'y ai pas d'objections; et dans ce cas rien ne vous empêcherait de faire remplacer votre vieux puits dont la roue grince si terriblement par une bonne pompe moderne.

MADEMOISELLE PINSON, *s'animant.*

J'y consens, mais à la condition que vous m'accorderez que la fortune doit être de deux cent mille francs.

LE CAPITAINE.

Je ne vous parlais pas du toit par discrétion, mais vous savez que les jours d'orage... et maintenant que vous voilà riche...

MADEMOISELLE PINSON.

Je conviens que le toit a besoin de beaucoup de tuiles neuves, et pour le coup, si j'ai deux cent cinquante mille francs, je les fais mettre et de plus une jolie girouette représentant un chasseur qui tire un coup de fusil.

LE CAPITAINE, *un peu aigrement.*

Pour la girouette, c'est votre affaire, et moi je n'y tiens pas; ainsi n'ajoutez pas un sou aux deux cent cinquante mille francs que vous vous êtes si généreusement octroyés. (*On entend frapper.*) On frappe!... bon, je crois que les voilà!

MADEMOISELLE PINSON.

Quoi, les deux cent cinquante mille francs? Ils ne peuvent pas venir tout seuls, vous vous moquez.

LE CAPITAINE.

C'est sans doute le premier clerc de maître Gravochon qui vous les apporte sous une forme quelconque : titres de rente, actions de chemin de fer, obligations... que sais-je!

MADEMOISELLE PINSON, *très troublée.*

Oh! capitaine! Je me sens toute tremblante; c'est pis qu'à l'arrivée de la dépêche! De grâce, rendez-moi le service d'aller ouvrir la porte. Il me serait impossible de faire un pas.

LE CAPITAINE.

Bien volontiers; j'y vais, mademoiselle.

MADEMOISELLE PINSON.

Merci, merci! Ah! Seigneur, c'est trop d'émotions en un jour! Hâtez-vous, je vous en conjure!

LE CAPITAINE.

J'y vole, mademoiselle, j'y vole! (*Il sort péniblement.*)

SCÈNE V

MADEMOISELLE PINSON, *seule.*

Sera-ce cinquante mille francs, ou deux cent cinquante
mille francs? ou davantage? car cela se pourrait, mais je n'ai
pas osé le dire, de peur de mettre le capitaine hors de lui;
on eût cru qu'il était déjà jaloux; ce que c'est que la fortune
pourtant!... à peine est-on riche, on a déjà des envieux. Qu'il
tarde à revenir. Ces vieux sont d'une lenteur insupportable.
J'ai un tel bourdonnement dans les oreilles que je n'entends
rien... Ah! voilà!...

SCÈNE VI

MADEMOISELLE PINSON, LE CAPITAINE, MARIANNE, elle est
en costume de voyage et tient un petit sac à la main.

LE CAPITAINE, *à Marianne.*

Entrez, je vous prie, mademoiselle Pinson est ici.

MARIANNE, *joyeusement.*

Ah! ma tante, que je suis heureuse de vous voir!

MADEMOISELLE PINSON.

Comment, ma tante! ai-je bien entendu? (*Reculant d'un air
froid.*) Arrêtez, mademoiselle, il convient de se connaître un
peu avant de s'embrasser.

MARIANNE.

Pardon, ma tante, j'oubliais... comme je n'ai personne pour
me présenter, je le fais moi-même : Marianne Pinson, fille
unique de votre oncle Joé.

MADEMOISELLE PINSON, *avec accablement.*

Vous entendez, capitaine? fille unique de l'oncle Joël

LE CAPITAINE.

J'entends bien! mais sans doute Mademoiselle a quelques papiers démontrant son identité.

MARIANNE.

Certainement; j'ai là, dans cette petite sacoche, l'acte de mariage de mes parents, mon extrait de naissance, etc. Voulez-vous voir, ma chère tante?

MADEMOISELLE PINSON, *d'un ton découragé.*

Non, non, c'est inutile.

MARIANNE, *avec un peu d'embarras.*

Mais n'avez-vous pas reçu une dépêche d'un monsieur Gravochon, notaire à Saint-Nazaire, vous annonçant mon arrivée? Je lui avais cependant bien recommandé...

MADEMOISELLE PINSON, *sèchement.*

J'ai reçu la dépêche en question; elle m'a même fait assez peur; seulement elle m'annonçait tout autre chose!... (*Avec exaspération.*) On devrait mettre en prison les notaires qui se permettent des facéties de ce genre!

MARIANNE, *avec étonnement.*

Je ne comprends pas!... Pourrais-je voir la dépêche?

MADEMOISELLE PINSON.

Volontiers; mais où est-elle donc, capitaine? (*A part.*) Je suis anéantie.

LE CAPITAINE, *la donnant à Marianne.*

La voici, mademoiselle.

MARIANNE, *après avoir lu.*

Elle est écrite dans une forme un peu inusitée, mais cependant suffisamment explicative, il me semble. (*Elle lit tout haut.*) « Vous recevrez ce soir l'héritière de l'oncle Joé. »

MADEMOISELLE PINSON, *vivement.*

Il y a l'héritière! il y a l'héritière!... Ah! mes mauvais yeux ! J'avais pourtant mis mes lunettes.

LE CAPITAINE, *malicieusement.*

Vous avez mal lu, ma voisine.

MADEMOISELLE PINSON.

En effet, en effet.

MARIANNE, *à part.*

Ah! je comprends maintenant. (*Haut.*) Oui, ma chère tante, c'est l'héritière du pauvre Joé Pinson. Hélas! (*D'un ton mélancolique et touchant.*) J'ai perdu ma mère dès mon jeune âge et mon cher père était tout pour moi. Il me parlait souvent de sa famille de France et surtout de sa nièce Annie qu'il avait en grande estime et affection. Quand il se sentit mourir, me voyant pleurer près de son chevet, il me dit : « Je m'en vais, mon enfant, et je serais bien malheureux de te laisser ainsi seule à dix-huit ans, si je ne pensais que, Dieu merci, je puis te confier à des mains sûres; dès que je ne serai plus, tu iras trouver ma nièce Annie et tu lui demanderas de te servir de mère; tu le lui demanderas au nom du pauvre Joé, le dernier frère de son propre père. »

MADEMOISELLE PINSON, *avec émotion.*

Je me sens tout attendrie.

MARIANNE.

Et il ajouta d'une voix qui s'affaiblissait : « Je suis sûre qu'Annie sera bonne pour toi et qu'elle te dirigera tout droit

sur cette grande route de l'honnêteté et de la vertu où, Dieu
merci, nous avons tous marché dans la famille; en échange
de sa protection tu lui devras obéissance et respect; tu seras
son bâton de vieillesse, je te le recommande, ma fille. » (*Elle
pleure.*) Je crois l'entendre encore, pauvre père!

MADEMOISELLE PINSON, *avec tendresse.*

Viens, mon enfant, viens dans mes bras. L'oncle Joé ne s'est
pas trompé, je serai une mère pour toi.

MARIANNE.

Et moi votre bâton de vieillesse, comme disait mon cher
père. (*Elles s'embrassent.*)

MADEMOISELLE PINSON.

Chère petite, n'attribue qu'au saisissement l'accueil si froid
que je t'ai fait d'abord.

MARIANNE.

Je l'ai bien compris ainsi, ma chère tante.

LE CAPITAINE, *cérémonieusement à Mlle Pinson.*

Permettez-moi de prendre congé de vous, mademoiselle,
il me semble que je suis de trop dans cette scène de famille.

MADEMOISELLE PINSON.

Et pourquoi donc, capitaine? Vous êtes venu me tenir compagnie tandis que j'étais toute seule, je veux partager avec
vous ce rayon de soleil que la jeunesse apporte toujours avec
elle.

LE CAPITAINE.

Vous êtes bien bonne, je craignais d'être importun, mademoiselle votre nièce est peut-être fatiguée de la route.

MARIANNE.

Moi fatiguée! nullement, monsieur, je ne m'aperçois même pas que j'ai voyagé.

MADEMOISELLE PINSON.

Que c'est beau d'être jeune!

LE CAPITAINE, *mélancoliquement.*

Hélas!

MARIANNE.

Voyons, puis-je vous servir à quelque chose, ma chère tante? Outre que je veux être votre bâton de vieillesse, je puis être aussi vos yeux.

MADEMOISELLE PINSON.

Tu peux commencer par relever cette maille que j'ai laissé tomber dans mon tricot.

MARIANNE.

Donnez. (*Elle prend le tricot et relève la maille.*) Voilà qui est fait. (*Montrant un journal.*) Et votre journal dont la bande n'est même pas déchirée! Je vais vous en faire la lecture, ainsi qu'à Monsieur.

MADEMOISELLE PINSON.

Une autre fois, je ne dis pas. Aujourd'hui je veux être toute au plaisir de ton arrivée. (*Au capitaine.*) Ne trouvez-vous pas, capitaine, qu'elle ressemble étonnamment au pauvre Joé?

LE CAPITAINE.

Vous oubliez, mademoiselle, que je n'ai pas connu son père.

MADEMOISELLE PINSON.

Ah! c'est vrai.

LE CAPITAINE, à *Marianne*.

Mademoiselle, est-ce que par hasard vous sauriez le whist?

MARIANNE.

Parfaitement, j'y jouais tous les soirs avec mon père et un de ses vieux camarades.

LE CAPITAINE.

En voilà une découverte! (*Avec joie.*) Vous entendez, ma voisine, votre nièce sait le whist. (*Avec enthousiasme.*) Mademoiselle est une jeune personne accomplie.

MADEMOISELLE PINSON.

C'est providentiel! (*A Marianne.*) Et ce jeu ne t'ennuie pas trop, chère enfant?

MARIANNE.

Nullement, ma tante; mon père disait que j'y étais très forte. Voulez-vous essayer tout de suite mon talent? Je vois une table de jeu là-bas dans le coin du salon.

MADEMOISELLE PINSON.

Volontiers.

LE CAPITAINE.

Certes!

MARIANNE.

Eh bien! maintenant nous pourrons jouer tous les soirs. Les cartes sont dans la table? je vais tout préparer.

MADEMOISELLE PINSON.

Oui, mon enfant, mais avant écoute un peu. Je veux te dire toute la vérité. (*Elle lui prend la main.*) Figure-toi que j'étais assez folle, étant à peine plus jeune que ton pauvre père de quelques années, de m'imaginer... (*Avec confusion.*) J'ai maintenant presque honte de l'avouer.

MARIANNE.

Dites toujours, ma chère tante.

MADEMOISELLE PINSON.

Enfin je m'imaginais hériter un jour de lui. Je ne sais comment ce rêve s'était logé dans ma tête, mais il y était si bien établi, que j'en avais fait une réalité, avec cette différence qu'il se transformait à chaque instant selon la disposition où je me trouvais : tantôt j'héritais d'une grande fortune et tantôt d'un modeste legs. Eh bien! mon rêve se transforme une fois de plus : l'oncle Joé m'a laissé un trésor qui, je le sens, fera le bonheur de ma vieillesse bien mieux que n'auraient pu le faire des richesses dont je n'ai nul besoin; je ne suis pas riche, mais le peu que je possède te reviendra un jour, et tout au contraire, par une douce raillerie de la Providence qui me donne une bienveillante leçon, c'est l'oncle Joé qui héritera de moi dans la personne de sa fille.

MARIANNE, *affectueusement.*

Merci, chère tante; je le vois, vous jouissez à peine d'une modeste aisance et vous n'hésitez pas à vous charger d'une orpheline et à partager généreusement avec elle le peu que vous possédez. A mon tour, je viens vous dire, et cette fois je l'espère, votre rêve aura subi sa dernière transformation. L'oncle Joé a laissé un million à sa fille et elle doit le partager avec vous son unique parente, sa bonne mère qu'elle ne veut jamais quitter.

MADEMOISELLE PINSON, *avec attendrissement.*

Chère enfant!

LE CAPITAINE.

Eh bien! Si nous commencions notre partie?... Les émotions trop prolongées sont nuisibles à la santé.

LE RETOUR D'UNE MÈRE

COMÉDIE EN DEUX ACTES

DOÑA MERCÉDÈS, duchesse de Santa-Cruz.
DOÑA IÑES, marquise de Santa-Cruz, fille de la précédente.
MARIA, filleule de la duchesse.
STÉPHANIA, duègne de Doña Iñes.
PÉDRO, vieil intendant.

La scène se passa au XVIe siècle, en Espagne, dans un vieux château.

LE RETOUR D'UNE MÈRE

ACTE PREMIER

SCÉNE PREMIÈRE

La scène représente une grande salle peu meublée; on y voit un lit,
un prie-Dieu, une table, un bahut et quelques sièges.

DOÑA MERCÉDÉS, PÉDRO *une lampe à la main.*

PÉDRO.

Nous voici arrivés à la salle où Votre Excellence voulait être
conduite en secret, Madame la duchesse, et nul ne nous a vus.

DOÑA MERCÉDÈS.

C'est fort bien, Pédro; mais hâte-toi maintenant de me
cacher dans l'oratoire comme nous en sommes convenus, car
en montant le petit degré j'ai aperçu par une meurtrière le
chapelain qui sortait de son logis pour venir dire les grâces;
le souper de ma fille doit être près de se terminer?

PÉDRO.

N'ayez crainte, ma noble maîtresse! Doña Inès, la señora
Stéphania et la señorita Maria ont coutume de s'entretenir
avec le Révérend Père une fois les grâces dites et ce n'est qu'au
bout de quelques instants qu'elles reviennent ici pour y passer
la veillée.

DOÑA MERCÉDÈS.

Tant mieux; je préfère avoir le loisir de me reconnaître un
peu céans. Or penses-tu, Pédro, que voici plus de quatorze
ans que j'ai quitté l'Espagne pour suivre Son Altesse la vice-
reine?

PÉDRO.

Je ne le sais que trop, Madame la duchesse, ces années ont
lourdement pesé sur votre vieux serviteur; j'étais un homme
encore dans la force de l'âge lorsque Votre Excellence nous
quitta, et me voici présentement un vieillard. Mais je me
réjouis de voir que ces climats humides et sombres des Pays-
Bas n'ont point porté dommage à la santé de notre dame et
maîtresse.

DOÑA MERCÉDÈS.

Hélas! Pédro! si je n'ai point souffert en mon corps mortel
de ce long exil, mon cœur de mère a souvent éprouvé de
vives angoisses lorsque je songeais à mon unique enfant quasiment orpheline, quoique ayant encore par la grâce de Dieu
ses père et mère vivants.

PÉDRO.

Madame n'ignorait point que Doña Iñès était aux mains de
loyaux serviteurs tout dévoués à sa personne et à sa maison.

DOÑA MERCÉDÈS.

Je le savais, mon bon Pédro, et je puisais dans cette idée
courage et consolation; mais je savais aussi que nul ne peut
remplacer une mère auprès de sa fille et j'étais en grand souci
de la mienne, tandis que le duc mon époux guerroyait pour le
service du roi. Enfin ce mauvais temps est passé et je touche
à cet heureux moment qui va me rendre mon enfant chérie.
Mais, tu le sais, Pédro, avant de l'embrasser, je veux voir ce
que ces quatorze années ont fait d'elle, observer ses habitudes,
son caractère, me rendre compte de l'éducation qu'elle a reçue
en mon absence et, pour atteindre ce but, il me faut pouvoir
l'examiner sans être vue.

PÉDRO.

Madame la duchesse sera servie dans ses desseins comme
elle désire l'être.

DOÑA MERCÉDÈS.

Voyons donc à les combiner pour le mieux!... (*Regardant
autour d'elle.*) Cette pièce est, je crois m'en souvenir, la
chambre de la duègne? et ma fille s'y tient, dis-tu, après le
souper!

PÉDRO.

Oui, Madame, la salle d'honneur est trop froide et on ne s'y
assemble guère que lorsque le seigneur évêque vient à passer
par ici en se rendant à la cour.

DOÑA MERCÉDÈS, *désignant une porte.*

Et voici la porte de l'oratoire?

PÉDRO.

Là, près du lit, Madame la duchesse.

DOÑA MERCÉDÉS.

Mais es-tu sûr que Stéphania n'ira pas y dire ses oraisons du soir?

PÉDRO.

Très sûr, Doña Mercédès.

DOÑA MERCÉDÉS.

Et pourquoi?

PÉDRO.

La señora croit fermement qu'un esprit y revient.

DOÑA MERCÉDÉS, *avec étonnement.*

Un esprit!

PÉDRO.

Pour m'expliquer plus clairement, l'âme de Doña Urraqua, sa bienfaitrice.

DOÑA MERCÉDÉS.

Ma belle-mère! (*Gravement.*) Dieu ait son âme! (*Pédro ôte son bonnet et le remet. Vivement.*) Eh bien, Stéphania ne devrait pas tant redouter de se retrouver avec son ancienne maîtresse. La défunte, qui était pourtant une dame assez haute et d'humeur difficile, fut bonne pour elle de son vivant.

PÉDRO.

La señora Stéphania qui se plaisait tant avec elle jadis, ne se soucie nullement de la rencontrer à présent.

DOÑA MERCÉDÉS, *gravement.*

Et c'est ainsi, Pédro, que tous les flatteurs, cortége habituel des grands de ce monde, les abandonnent au seuil de l'éternité sans songer le plus souvent à les y suivre au moins par la prière. Enfin n'importe! il convient à mes projets que Stéphania redoute beaucoup l'ombre de sa bienfaitrice; je pourrai ainsi, cachée dans cet oratoire, observer ma fille sans risquer d'être surprise. Allons, Pédro, parle-moi de Doña Iñès; est-elle douce et compatissante aux pauvres vassaux?

PÉDRO, *avec un peu d'embarras.*

Madame! elle est digne en tout de ses nobles ancêtres.

DOÑA MERCÉDÈS.

Digne de ses ancêtres! Ressemblerait-elle à son aïeule Doña Urraqua dont l'âme, dit-on, hante ce vieux château. Ta réponse est ambiguë, Pédro.

PÉDRO, *avec un peu d'embarras.*

Excusez, Doña Mercédès, un vieux serviteur qui ne saurait juger la fille de ses maîtres.

DOÑA MERCÉDÈS, *avec autorité.*

Pédro, réponds-moi en chrétien! ma fille est-elle bénigne et miséricordieuse avec les pauvres?

PÉDRO, *avec hésitation.*

La marquise de Santa-Cruz est généreuse, mais elle est très fière. Cependant le jeudi saint elle lave les pieds des pauvres femmes de la campagne qui s'en vont en pèlerinage à Notre-Dame du Moustier.

DOÑA MERCÉDÈS.

Le roi lui-même, à pareil jour, lave les pieds des pèlerins. Mais ce n'est pas seulement le genou qu'il faut ployer devant la sainte pauvreté, c'est l'âme trop attachée aux grandeurs de ce monde!... et Maria, sa sœur de lait, et ma filleule?

PÉDRO, *d'un ton pénétré.*

C'est un ange de Dieu, Madame.

DOÑA MERCÉDÈS.

Ma fille traite-t-elle en sœur la compagne que je lui ai choisie?

PÉDRO.

Doña Inès est très bien pour elle. Je crois qu'elle lui donne tous ses vieux ajustements.

DOÑA MERCÉDÈS.

Ah!

PÉDRO.

Et la señorita en détache soigneusement les galons d'or et les fait vendre pour en donner l'argent aux malheureux.

DOÑA MERCÉDÈS.

Voilà qui est bien.

PÉDRO.

On dit que son intention est d'entrer dans un des monastères que...

DOÑA MERCÉDÈS, *l'interrompant.*

Écoute Pédro!... je crois que j'entends du bruit!... Oui, ce sont elles; ouvre-moi la porte de l'oratoire.

PÉDRO.

Tout de suite, Madame.

DOÑA MERCÉDÈS.

Bon! Surtout ne laisse deviner à personne ma présence. Il y a un autre huis à l'oratoire qui conduit en ma chambre, n'est-ce pas?

PÉDRO.

Oui, Madame, et j'y ai tout préparé, comme Votre Excellence me l'a commandé.

DOÑA MERCÉDÈS, *sur le seuil de la porte.*

Tu viendras y prendre mes ordres quand le crieur de nuit, qui est sur la tour du Nord, annoncera la onzième heure. Maintenant silence, silence avec tous.

PÉDRO.

Madame peut être tranquille, la Sainte Inquisition elle-même ne me ferait pas parler.

DOÑA MERCÉDÈS, *jetant un regard inquiet autour d'elle.*

Ne dis pas de ces choses-là, Pédro. (*Elle entre dans l'ora-toire.*)

SCÈNE II

DOÑA IÑÉS, STÉPHANIA, MARIA, PÉDRO.

DOÑA IÑÉS. *Elle entre la première, son attitude est altière et elle s'adresse d'un ton impérieux à Pédro, qui fait semblant d'arranger un brazero.*

Que fais-tu là, Pédro? ce n'est point ta place, il me semble.

PÉDRO, *avec embarras.*

Mon Dieu! Doña Iñés, je pensais que...

STÉPHANIA, *l'interrompant.*

Excusez-le, Doña Iñés, je l'avais prié de veiller au brazero. Vous le savez, j'aime à me chauffer un peu les doigts après le souper.

DOÑA IÑÉS, *sèchement.*

Eh bien! il l'a laissé éteindre.

PÉDRO, *soufflant sur le brazero.*

Il sera promptement rallumé, car il y a encore de la braise sous la cendre; voyez plutôt!...

DOÑA IÑÉS, *avec hauteur.*

Je n'ai que faire d'y voir! Tâchez d'être moins familier et laissez-nous. Maria, ne pourrais-tu t'occuper de ce brazero, pour qu'il nous débarrasse de sa présence?

MARIA.

Certainement. Allez, bon Pédro, Doña Iñès est un peu fatiguée.

PÉDRO.

Je me retire, señorita, je me retire! (*Il sort.*)

SCÈNE III

LES MÊMES, MOINS PÉDRO.

DOÑA IÑÉS, *à Maria d'un ton irrité.*

Pourquoi dis-tu à cet homme que je suis fatiguée? il semblerait que tu veux m'excuser! En vérité, ce serait plaisant!

STÉPHANIA, *avec empressement.*

Vous vous méprenez, Doña Iñès. Maria ne peut avoir cette pensée.

MARIA, *à Iñès avec douceur.*

Pédro est un vieux serviteur de votre famille et vous lui avez parlé durement; je n'ai pas cru vous déplaire en essayant de le consoler un peu.

DOÑA IÑÉS, *radoucie.*

Le consoler, dis-tu!... Par ma foi, je ne voulais point lui faire de peine, mais je suis si triste aujourd'hui que tout me semble fâcheux et mal venu. Enfin je regrette de l'avoir contristé et je veux lui faire présent d'une souquenille neuve dès que j'aurai un doublon dans mon escarcelle. Malheureusement elle est aussi à sec que le Manzanarès au mois d'août.

STÉPHANIA, *d'un ton doucereux.*

Et d'où vient votre mélancolie, ma noble et chère enfant? Laissez-là le vieux Pédro qui ne m'importe guère et contez-moi vos peines.

DOÑA IÑÉS, *brusquement.*

Vous ne les devinez pas? Cette arrivée de ma mère dont nous sommes sans nouvelles.

STÉPHANIA, *d'un ton paterne.*

Il faut prendre patience; les voyages sont longs et difficiles; on ne va pas des Pays-Bas en Espagne comme de Madrid à l'Escurial.

DOÑA IÑÉS.

C'est bien ce qui fait ma peine et mon ennui. Ce voyage n'est pas seulement long et difficile, il est aussi périlleux, et mon esprit, noirci par de sombres présages, imagine mille traverses. Je crains tout hélas! pour cette mère chérie : les chevauchées dans un pays à moitié révolté, les rencontres avec les hérétiques, les pilleries des soldats débandés, les gîtes mal famés et par-dessus tout les hasards de la mer : tempêtes et tourbillons, récifs inconnus, pirates sarrasins; que sais-je!...

MARIA.

O Dieu! vous me faites frémir, Doña Iñés; prions Notre Dame et saint Jacques pour cette chère marraine!

STÉPHANIA, *avec un empressement marqué.*

Je dirai les litanies des saints à son intention avant de m'endormir. Mais de grâce, chère Iñés, ne vous abandonnez pas à ces songeries! Vous allez vous rendre malade, et que deviendrai-je si Madame la duchesse vous trouve toute dolente et alanguie? Elle pensera que je n'ai pas bien veillé sur vous, malgré ses recommandations, et pourtant, les anges en sont témoins, je me suis plus occupée de votre éducation que du salut de mon âme! (*Voyant qu'Inès ne l'écoute pas.*) Pour en revenir au voyage de Son Excellence, vous pouvez imaginer que son rang la met à l'abri de bien des dangers et inconvénients. D'abord le duc, votre très honoré père, n'aura pas manqué de lui fournir une grosse escorte pour veiller sur sa personne; ensuite la dame d'honneur de la vice-reine est assurée de l'hospitalité de tous les couvents et châteaux; elle n'aura donc rien à faire dans les hôtelleries avec la compagnie discourtoise qu'on y trouve généralement, sans parler d'autres inconvénients qui cependant...

DOÑA INÈS, *l'interrompant avec impatience.*

Oui, oui, c'est assez; je sais tout ce que vous pouvez me dire à ce sujet; mais je sais aussi ce que j'ai entendu l'autre nuit!...

STÉPHANIA, *avec inquiétude.*

Et quoi donc? Auriez-vous ouï l'orfraie chanter un vendredi?

DOÑA INÈS, *d'un ton concentré.*

Pis que cela!

STÉPHANIA, *avec effroi.*

Là! Vous me faites trembler!

MARIA.

Dites-nous, doña Inès, ce qui vous a effrayée. Peut-être s'agit-il de choses de peu d'importance?

DOÑA INÈS, *avec hauteur.*

Sachez, Maria, qu'une fille de notre maison ne s'effraye pas pour une chose de peu d'importance.

STÉPHANIA.

Taisez-vous, Maria, n'ajoutez pas aux chagrins de Doña Inès

par des remarques déplacées qui ne font qu'irriter ses ennuis.

MARIA, *s'excusant avec douceur.*

Ce n'était pas mon intention, Stéphania, et je ne croyais pas que...

DOÑA INÈS, *avec impatience à Stéphania.*

Laissons cela, vous n'avez pas besoin de gronder Maria, elle vaut mieux que vous et même que... (*Après un peu d'hésitation.*) Oui, et même que moi. Enfin, je vais tout vous dire!

STÉPHANIA.

Voyons, nous vous écoutons.

DOÑA INÈS.

L'autre nuit, c'était la vigile de Saint-Jean l'Évangéliste, je m'en souviens, je dormais depuis je ne sais combien de temps, lorsque je fus réveillée en sursaut par un bruit dont je ne me rendis pas bien compte d'abord. Je me dressai, je soulevai la courtine de mon lit et pendant un moment, immobile et silencieuse, je me tins l'oreille au guet. Soudain! le même bruit recommence et cette fois je distingue clairement un léger tintement du beffroi qui se répète de nouveau après un petit intervalle. C'était comme un glas funèbre et vous ne l'ignorez pas, chez nous, aux obsèques solennelles, on sonne trois coups pour les femmes et deux pour les représentants masculins de notre lignée... Je ne puis me remémorer cette tradition sans un frisson.

STÉPHANIA.

Il y a de quoi, pour dire vrai.

MARIA.

Peut-être un oiseau de nuit a-t-il frôlé de son aile l'airain sonore!

DOÑA INÈS.

Peut-être! mais ces trois coups!...

STÉPHANIA.

C'est une étrange histoire! Et après avoir entendu ces glas vous n'avez pas songé à appeler quelqu'un? Pour moi, dans une pareille occurrence j'aurais été capable d'éveiller tout le château, à moins qu'un excès d'effroi ne m'en eût ôté la force.

DOÑA IÑÈS.

Si fait, j'ai appelé Manonba, l'esclave mauresque dont m'a fait présent la princesse d'Éboli : c'est elle qui couchait dans mon antichambre, Mariquita étant tombée malade fort mal à propos ce jour-là.

STÉPHANIA.

Et Manonba n'avait rien entendu?

DOÑA IÑÈS.

Rien!

STÉPHANIA.

Voilà qui sent la magie!

MARIA.

C'est en effet bien singulier!

DOÑA IÑÈS.

Je ne sais qu'en penser.

STÉPHANIA.

Et le reste de la nuit s'est passé sans qu'aucun bruit du même genre?...

DOÑA IÑÈS.

Le reste de la nuit s'est passé sans accident, mais aussi sans sommeil; quoique j'eusse ordonné à l'esclave de rester auprès de moi, je n'ai pu trouver de repos.

STÉPHANIA.

Avez-vous parlé de tout cela au Révérend Père chapelain?

DOÑA IÑÈS.

Je lui en ait dit quelques mots ce matin en sortant de la chapelle.

STÉPHANIA.

Vous avez bien fait : c'est un homme instruit et d'une grande piété.

MARIA.

Peut-on savoir ce qu'il vous a répondu sur ce sujet ?

DOÑA IÑÈS.

Rien qui me rassure. Il m'a plutôt donné un avis touchant la foi.

STÉPHANIA.

C'est toujours bon à recevoir. Il en coûte d'errer, dans ce monde et dans l'autre !

DOÑA IÑÈS.

Il m'a rappelé que notre sainte mère l'Église nous défend de croire aux présages et aux autres superstitions.

STÉPHANIA, *d'un ton plaintif.*

Hélas ! on le sait bien ; mais le moyen de se mettre à l'abri de toutes ces diableries ! Si on voulait me l'enseigner, j'aimerais bien à en faire usage, quand ça ne serait que par rapport aux esprits, dont j'ai si grand'peur ! Mais ne parlons pas de ces choses-là au moment du sommeil.

MARIA.

Il faut invoquer les bons anges pour qu'ils vous préservent des mauvais. Thérèse d'Avila a composé une prière admirable qui convient tout à fait pour conjurer les illusions du démon.

STÉPHANIA.

Vous me l'apprendrez ?

MARIA.

Volontiers.

STÉPHANIA.

Mais qui vous l'a enseignée?

MARIA.

Ce moine hiéronymite qui est venu l'autre semaine.

DOÑA INÈS.

Ce moine qui montait une si jolie mule blanche?

MARIA.

Justement! Il venait de visiter plusieurs monastères de carmélites. Oh! les saints asiles! et qu'on voudrait y être!

DOÑA INÈS, *brusquement.*

Bon! toujours ton idée. Tu veux donc me quitter, Maria? N'avons-nous pas été nourries du même lait? Ah! tu es une ingrate.

MARIA.

Ne dites pas cela, Doña Inès; je veux aller prier pour vous dans un lieu où on est plus près du ciel. Que ma chère marraine daigne m'obtenir cette grâce et ce sera la plus grande qu'elle m'ait jamais octroyée.

DOÑA INÈS, *impérieusement.*

Ne me dis rien de plus sur ce sujet! J'en ai du déplaisir, tu le sais.

MARIA, *gravement.*

Je me tais, Doña Inès; mais si Dieu parle, il faudra bien que tout le monde l'écoute!

STÉPHANIA.

N'insistez pas, Maria, vous affligeriez Doña Inès. Madame la duchesse, qui est une dame de grand sens, saura bien juger de votre vocation, mais d'ici son retour il vaut mieux n'en plus parler.

MARIA.

Vous avez raison, Stéphania, et j'attendrai l'arrivée de Doña Mercédès, ma chère marraine, sans plus importuner Doña Inès de mes pieuses espérances.

UNE VOIX, *à la cantonade.*

Écoutez, écoutez tous !

DOÑA INÈS.

Ah ! c'est la voix du séréno.

MARIA.

Déjà !

LE SÉRÉNO (ou crieur de nuit), *à la cantonade.*

La neuvième heure va sonner. Le temps est beau, la nuit est claire.

STÉPHANIA.

C'est l'heure du repos.

DOÑA INÈS.

Oui, il est temps de nous séparer; Maria, prends mon livre d'heures et accompagne-moi. Dieu vous garde, Stéphania.

STÉPHANIA.

Bonne nuit, Doña Inès! (*A Maria.*) Bonsoir, ma petite colombe; priez vous-même les saints anges pour que je ne voie pas de revenants cette nuit.

MARIA.

Je n'y manquerai pas, Stéphania, dormez bien.

DOÑA INÈS, *d'un ton rude à Maria.*

Allons, viens donc! Ne donnons pas à mes femmes le loisir d'être en retard.

SCÈNE IV

STÉPHANIA seule, *avec satisfaction*.

Les voilà parties !... Je vais mettre la barre à l'huis tout de
suite, de la sorte... Tiens! Maria a oublié le livre d'heures!
A quoi a-t-elle pensé? Sainte Vierge! Allons! il faut que j'aille
le lui porter, sans cela elle recevra quelque dur reproche de
Doña Inès et la pauvrette est si sensible !... Mais dépêchons-
nous tandis qu'il y a encore des gens éveillés dans le château.
Je n'aime pas à traverser les montées et les galeries après
l'heure du couvre-feu. (*Elle sort.*)

SCÈNE V

DOÑA MERCÉDÈS *sortant de l'oratoire.*

Oh ! cœur faible! âme de servante gagée! comme tu as
mal rempli la sainte mission que je t'avais confiée !... Et moi,
pourquoi ai-je dû déserter le devoir qui m'attachait au berceau de mon enfant?... Hélas! un époux ambitieux, plus
jaloux des vaines gloires du monde que des douces joies du
foyer domestique, m'a entraînée dans un lointain exil et Dieu
sait les larmes que j'ai versées tandis que tous autour de nous
enviaient les honneurs dont nous étions comblés, tandis que
le duc se félicitait sans cesse de sa haute fortune! Ma fille
est bien la descendante de ces superbes seigneurs! Impérieuse, prompte à la colère! Mais elle m'aime et son cœur est
bon, rien n'est donc perdu : seulement il va falloir par un
grand effort, peut-être par une douloureuse épreuve, réparer
d'un seul coup les erreurs d'une mauvaise éducation. Ah!

voilà déjà Stéphania qui revient. (*Prêtant l'oreille.*) J'entends son pas éperonné par la peur !... A elle d'abord une première leçon et un premier châtiment. (*Elle disparaît dans l'oratoire.*)

SCÈNE VI

STÉPHANIA, puis DOÑA MERCÉDÈS.

STÉPHANIA.

Bon, me voici chez moi ; j'en suis bien aise !... J'ai couru à perdre la respiration et après souper cela ne vaut rien... La veillée m'a paru bien longue aujourd'hui ! Je me sens le soir une pesanteur d'esprit vraiment étrange ! Il y a peut-être là quelque maléfice !... A moins que ce ne soit tout simplement la faute de ce vin épicé que le majordome me sert toujours trop copieusement ; j'ai beau lever ma coupe pour dire : « C'est assez, » il me la remplit quasiment par violence... J'ai bien envie de me coucher promptement, mes prières du soir sont dites... Ah ! j'oubliais que j'ai promis à Doña Inès de réciter les litanies des saints pour Madame. J'aurais mieux fait de choisir une autre prière ; un ou deux Ave Maria par exemple, c'est plus vite dit... Je ne sais pas pourquoi ceux qui ont composé les litanies des saints n'ont pas mis tout simplement : « saints et saintes du Ciel, priez tous pour nous, » au lieu de passer en revue l'armée des bienheureux ; invoquer ainsi les saints d'un seul coup eût été bien plus agréable, surtout pour les gens qui ont sommeil... Mais ce que je dis sent peut-être l'hérésie ? Dieu m'en préserve !... Allons, je vais dire mes litanies tout de suite et sans plus m'attarder à ces mauvaises pensées. (*Elle s'agenouille sur le prie-Dieu.*) *Sancte Michael, ora pro nobis. Sancte Gabriel, ora pro nobis. Sancte Raphael, ora pro nobis. Omnes sancti Angeli, orate pro*

nobis. (Sa voix s'affaiblit et sa tête s'incline sur le prie-Dieu.)
Sancte Ambrosi, ora pro nobis. Sancta Agata, ora pro nobis.
Sancta Catarina, ora pro nobis. Omnes sanctæ Virgines, orate
pro nobis. Sancti Joannes et Paule... (Elle laisse tomber sa
tête sur le prie-Dieu; Doña Mercédès est sortie sans bruit de
l'oratoire pendant les derniers mots que prononce Stéphania
avant de s'endormir; elle est enveloppée d'un grand manteau
de couleur sombre et se tient d'abord sur le seuil de la porte.)

DOÑA MERCÉDÈS, *à demi-voix.*

Orate pro nobis.

STÉPHANIA, *se redressant brusquement.*

Qu'est-ce?... Ah! je dormais et je parlais en rêve! Voyons,
où en suis-je donc? Ah! *Sancte Stephane...*

DOÑA MERCÉDÈS, *d'une voix plus forte.*

Ora pro nobis.

STÉPHANIA, *se relevant avec effroi.*

Ciel! qu'ai-je entendu? Une voix a dit : *Ora pro nobis,* et
cette voix n'était pas la mienne!... Saints et saintes secou-
rez-moi!... Je voudrais appeler et ma langue est glacée!...
Qui a parlé?

SCÈNE VII

STÉPHANIA, DOÑA MERCÉDÈS. (*Elle s'avance d'un air menaçant.*)

DOÑA MERCÉDÈS.

L'ombre d'une mère irritée!

STÉPHANIA.

O Dieu! Dieu tout-puissant! c'est le spectre de la duchesse!
Comment fuir? (*Elle retombe à genoux.*) Mes genoux ploient

malgré moi; une faiblesse mortelle me cloue sur ce prie-Dieu.

DOÑA MERCÉDÈS.

Ne bouge pas et réponds-moi. Que devais-tu faire de l'enfant que je t'ai confiée?

STÉPHANIA, *balbutiant.*

Je ne sais pas, je ne sais plus, très haute dame.

DOÑA MERCÉDÈS, *avec autorité.*

Je t'avais ordonné d'en faire une bonne chrétienne. Eh bien, réponds!

STÉPHANIA, *d'une voix étouffée.*

Je ne peux pas.

DOÑA MERCÉDÈS, *impérieusement.*

Réponds.

STÉPHANIA, *parlant avec peine.*

J'ai fait de mon mieux... Doña Inès jeûne toutes les vigiles... assiste régulièrement aux offices!... je l'ai même menée en pèlerinage l'an dernier...

DOÑA MERCEDÈS, *sévèrement.*

Ce n'était point assez! tu as oublié de lui apprendre le sens des mots divins que tu lui enseignais à prononcer des lèvres et non du cœur. (*Avec une indignation croissante.*) Loin de la corriger de ses défauts, tu les as encouragés par tes basses flatteries; si elle est dure, impérieuse, si son orgueil n'a pas de bornes, c'est de ta faute, duègne sans conscience!

STÉPHANIA.

Qu'entends-je? Juste Ciel!

DOÑA MERCÉDÈS, *d'un ton menaçant.*

Crains la vengeance d'une mère indignée dont tu as trahi la confiance.

STÉPHANIA, *au comble de l'effroi.*

Miséricorde!... à l'aide... au secours!... je me meurs. (*Elle tombe évanouie; Doña Mercédès disparait.*)

SCÈNE VIII

STÉPHANIA, MARIA.

MARIA.

Êtes-vous malade, Stéphania? J'ai cru vous entendre appeler. Mais qu'avez-vous, grand Dieu? Comment se fait-il que je vous retrouve presque inanimée? (*Elle relève Stéphania et la fait asseoir.*)

STÉPHANIA, *avec effort.*

Ah! mon enfant, je suis morte!

MARIA.

Pas tout à fait, heureusement, mais vous êtes d'une pâleur effrayante.

STÉPHANIA, *parlant avec peine.*

Ah! si vous saviez?

MARIA.

Voyons, remettez-vous! Respirez ces senteurs, cela vous fera du bien. (*Elle lui fait respirer un flacon.*)

STÉPHANIA.

Merci, merci. Telle que vous me voyez, je reviens de l'autre monde; ou plutôt je me trompe, c'est l'autre monde qui est venu chez moi.

MARIA.

Expliquez-vous. Votre esprit semble encore égaré.

STÉPHANIA.

Il est complètement à l'envers, mon enfant, et je vous réponds qu'il y a de quoi !

MARIA.

Mais enfin !...

STÉPHANIA, *appuyée.*

J'ai vu, comme je vous vois, Doña Mercédès.

MARIA, *avec étonnement.*

La duchesse?

STÉPHANIA.

La duchesse, ou plutôt son ombre.

MARIA.

Que me dites-vous là?

STÉPHANIA.

Je l'ai vue (*Montrant l'endroit.*) ici, contre la porte de l'oratoire; elle avait un grand manteau de couleur sombre.

MARIA, *avec effroi.*

Seigneur, est-il possible !

STÉPHANIA.

Et non seulement je l'ai vue, mais je l'ai entendue aussi.

MARIA, *avec douleur.*

Hélas! malheureuse dame! Quoi, cette chère marraine aurait-elle trouvé la mort dans son voyage et peut-être la mort sans confession? Cette pensée me pénètre de douleur. Demandait-elle des messes pour sa pauvre âme, Stéphania?

STÉPHANIA, *vivement.*

Elle ne demandait rien du tout, mais elle m'a dit des paroles très dures.

MARIA.

En vérité?

STÉPHANIA.

Que j'élevais sa fille pour sa damnation éternelle et la mienne, ou quelque chose d'approchant fort désagréable à ouïr. Avec cela qu'ils sont faciles à manier les caractères des Santa-Cruz! souples comme des armures de guerre et tendres comme l'acier dont on les fait.

MARIA.

Voyons, vous dites des choses incroyables, Stéphania. Maintenant que vous avez repris vos esprits, contez-moi sans rien omettre tout ce qui s'est passé depuis que vous êtes rentrée dans cette chambre, après avoir eu la bonté de m'apporter les Heures de Doña Inès.

STÉPHANIA.

Ce ne sera pas long. Aussitôt revenue chez moi, je m'étais mise à dire dévotement les litanies des saints; voire même que j'y avais quelque mérite, car je tombais de sommeil.

MARIA.

Vous tombiez de sommeil!... c'est sans doute ce qui explique...

STÉPHANIA.

Attendez un peu. Donc je récitais les litanies et j'en étais je crois à mon saint patron, mais je n'en suis pas bien sûre, quand j'entends une voix qui me dit le répons quasiment comme le clerc à l'officiant. Je doute d'abord de ma raison et, supposant que c'est une illusion, je reprends ma prière tout en tremblant bien fort : Saints anges du ciel! je n'ou-.

blierai jamais ce qui survint! Encore une fois et bien distinc-
tement pour le coup la même voix répète : *Ora pro nobis.*

MARIA.

Et puis.

STÉPHANIA.

Et puis je vois se dresser devant moi l'ombre de la duchesse,
mais plus grande que sa personne au moins d'une coudée.
Tenez, je ne saurais me le remémorer sans un terrible effroi.

MARIA, *avec calme.*

Vous avez grand tort. Je comprends maintenant ce que c'est :
vous vous serez endormie sur votre prie-Dieu dans une fausse
position qui vous aura occasionné un mauvais rêve.

STÉPHANIA.

Que je me sois endormie, je le veux bien, mais il me semble
que je me suis réveillée en entendant ce terrible : *Ora pro
nobis.* Ah! Seigneur Dieu! le cœur me manque encore.

MARIA.

N'y pensez plus, c'était un songe.

STÉPHANIA.

Chère enfant, vous me faites du bien; mais n'entendez-vous
pas marcher dans la galerie? Depuis cette apparition, véritable
ou non, le moindre bruit me cause une émotion!...

MARIA.

Calmez-vous, je reconnais le pas de Pédro. Que nous veut-
il à cette heure? (*On frappe.*)

PÉDRO, *à la cantonade.*

Dormez-vous, señora Stéphania?

STÉPHANIA.

Non certes! Entrez, Pédro.

SCÈNE IX

LES MÊMES, PÉDRO.

PÉDRO.

J'apporte, señora, une nouvelle d'importance!

MARIA.

Une nouvelle!

STÉPHANIA.

Et quoi donc, Pédro?

PÉDRO.

Doña Inès vient de recevoir un message de madame sa mère.

STÉPHANIA, *avec un profond étonnement.*

De la duchesse?

MARIA.

De ma marraine?

PÉDRO.

Madame la duchesse mande à Doña Inès son heureuse arrivée à Madrid et annonce qu'elle viendra ici dès que Sa Majesté lui donnera congé; elle attend une audience du roi.

STÉPHANIA.

Dieu soit loué! Ah! je respire.

MARIA, *avec joie.*

Chère marraine! que je suis contente!

PÉDRO.

Et moi donc!

STÉPHANIA, à *Pédro*.

Qu'a dit Doña Inès en recevant cette bonne nouvelle? Je l'ai vue encore ce soir à la veillée si en peine de Madame sa mère!

PÉDRO.

Doña Inès! elle a poussé une grande exclamation et puis elle s'est assise sur un escabeau sans pouvoir parler; on eût cru pendant un moment que l'excès de sa joie et de sa surprise lui ôtait le souffle. Enfin elle m'a ordonné d'aller vous porter cette nouvelle et ses femmes ont fermé la porte de sa chambre sur moi.

STÉPHANIA.

Merci, Pédro; je suis bien heureuse. Allez vous reposer, mon ami, je vais tâcher d'en faire autant.

PÉDRO.

En effet, señora, il serait bon de penser au sommeil, voilà longtemps qu'on ne s'est couché aussi tard dans le château. (*Il sort.*)

SCÈNE X

STÉPHANIA, MARIA.

MARIA.

Eh bien, Stéphania, avais-je raison?... Vous voyez que vous avez rêvé, que Doña Mercédès ne vous a fait aucun reproche, qu'elle se trouve en parfaite santé et qu'elle sera bientôt ici?

STÉPHANIA.

Il faut bien dire comme vous, et cependant!...

MARIA.

Qu'avez-vous à répliquer? Il me semble que vous voilà pleinement confondue!

STÉPHANIA.

Tout ce que vous voudrez... mais j'ai bien cru entendre ce terrible répons.

MARIA.

C'était une illusion.

STÉPHANIA.

Sans doute! mais c'est trop d'émotions en un jour pour une pauvre femme; je me sens si faible qu'il faut que je me jette sur mon lit telle que je suis. Je n'en peux plus.

MARIA.

En effet, chère Stéphania, vous semblez bien fatiguée.

STÉPHANIA.

Fatiguée et encore toute tremblante.

MARIA.

Que pourrait-on faire pour vous?

STÉPHANIA, *d'un ton insinuant.*

Ah! mon petit agneau! vous pourriez me rendre un grand service!

MARIA.

Disposez de moi comme si j'étais votre fille.

STÉPHANIA.

Eh bien! ne me quittez pas jusqu'au lever du jour.

MARIA.

N'est-ce que cela? j'y consens volontiers.

STÉPHANIA, *avec élan.*

Vous me sauvez la vie.

MARIA.

Allons, dormez tranquille, vous en avez grand besoin.

STÉPHANIA.

Oh certes!

MARIA.

Je vous promets de ne pas vous quitter que le coq n'ait chanté. (*Elle conduit la duègne vers le lit, celle-ci s'y étend.*)

STÉPHANIA.

Merci, mon enfant... et mes litanies que je n'ai pas achevées.

MARIA.

Ne vous en inquiétez pas. Je vais les réciter pour vous.

STÉPHANIA.

Mille grâces! dites par vous, mon cher ange, elles n'en auront que plus de mérite devant Dieu. (*Stéphania s'endort, Maria s'agenouille sur le prie-Dieu.*)

LE SÉRÉNO, *à la cantonade.*

La onzième heure va sonner; la nuit avance dans son cours, le ciel est pur, le temps est beau.

FIN DU PREMIER ACTE.

ACTE II

SCÈNE PREMIÈRE

La scène représente une salle peu meublée, une table au milieu. Doña Inès est assise à côté de cette table sur un siège à dossier élevé. Maria sur un carreau à ses pieds et Stéphania sur un escabeau; toutes les trois travaillent à un ornement d'église.

DOÑA INÈS, STEPHANIA, MARIA.

DOÑA INÈS.

Donnez-moi les fils d'or, Stéphania.

STÉPHANIA.

Mais je ne les ai pas, Doña Inès! *(A Maria.)* Savez-vous, ma mie, ce qu'ils sont devenus?

MARIA.

Je crois qu'ils sont dans le bahut avec les paillons d'argent et la soie cramoisie.

DOÑA INÈS.

Vois-y, Maria; j'ai besoin de ces fils d'or pour terminer le voile du calice.

STÉPHANIA.

Pour moi, mon manipule est achevé, sauf le galon du bord que je mets en ce moment.

DOÑA IÑÉS.

Il faut absolument que tout soit fini pour l'arrivée de Madame ma mère. Le Révérend Père Antonio doit en donner l'étrenne au Te Deum qu'on chantera à la chapelle en l'honneur de son heureux retour.

STÉPHANIA.

Voilà qui est bien imaginé; travaillons.

MARIA, *apportant les fils d'or à Iñès.*

Est-ce bien ce qu'il vous faut, Doña Iñès?

DOÑA IÑÉS.

Oui, merci. Pose-les sur la table. (*Elles travaillent quelques instants en silence.*) Stéphania, parlez-moi de ma mère.

STÉPHANIA.

Volontiers, mais que vous en dirai-je?

DOÑA IÑÉS.

Vous l'avez connue toute jeune épousée, alors que le duc mon père la conduisit en ce château à mon aïeule Doña Urraqua.

STÉPHANIA.

Oui, oui! je m'en souviens comme d'hier.

DOÑA IÑÉS.

Bien; alors dites-moi quelques particularités touchant cette mère chérie que je connais si peu, hélas!

STÉPHANIA.

Voyons! (*Elle cherche un instant.*) Eh bien! Son Excellence aimait beaucoup l'olla podrida et les confitures à la rose.

DOÑA IÑÉS, *avec colère.*

Voilà qui est intéressant! vous avez autant d'idée qu'une mule d'Aragon.

STÉPHANIA, *piquée.*

Grand merci, marquise de Santa-Cruz; j'ai songé cette nuit que Madame la duchesse était fort courroucée contre moi, parce que je ne vous avais pas élevée avec assez de rigueur.

DOÑA IÑÈS, *durement.*

C'est peut-être vrai! tant pis pour vous.

STÉPHANIA.

Je le vois bien. (*Elle pleure.*), et c'est mon châtiment qui commence.

DOÑA IÑÈS, *d'un ton plus doux.*

Allons, ne pleure pas, Stéphania. (*D'un ton à la fois railleur et bienveillant.*) Je voulais dire une mule d'église, et, tu sais, il y en a auxquelles ont fait porter des reliques, ce qui est un emploi fort honorable.

STÉPHANIA.

Vous badinez! mais c'est égal, j'ai toujours dans l'oreille les trop justes reproches de ma maîtresse.

DOÑA IÑÈS.

C'est-à-dire ceux que tu as cru entendre... Écoute, Stéphania, tu connais les supports de notre vieux blason?

STÉPHANIA, *avec empressement.*

Certes!... mon humble famille ne vit-elle pas à l'abri de cet illustre blason depuis près de deux siècles? Ce sont des lionnes.

DOÑA IÑÈS.

Eh bien! console-toi. (*D'un ton hautain.*) Il fallait une main plus ferme que la tienne pour dompter une de ces lionnes-là. (*Elle s'évente avec un chasse-mouches.*)

STÉPHANIA.

Peut-être avez-vous raison. Mais pourquoi le joli chasse-mouches dont vous a fait présent votre marraine Doña Elvire a-t-il une plume endommagée?

DOÑA IÑÈS, *légèrement.*

Ne m'en parlez pas! J'en ai donné un coup, un seul petit coup sur les doigts de cette maladroite Paquita et je l'ai cassé. Ah! j'en ai bien du regret.

MARIA.

D'avoir frappé Paquita?

DOÑA IÑÈS, *avec indifférence.*

Non, d'avoir cassé mon chasse-mouches.

STÉPHANIA, *riant.*

Ah! ah! Doña Iñès! vous avez une manière plaisante de dire les choses qui fait rire malgré qu'on n'en ait envie.

DOÑA IÑÈS, *sévèrement.*

Vous ne trouviez pas mon badinage aussi plaisant tout à l'heure, Stéphania.

MARIA.

Et qu'avait fait la pauvre Paquita?

DOÑA IÑÈS.

Elle avait laissé tomber une aiguière sur ma jupe de brocart vert.

STÉPHANIA.

C'est une fille qui ne regarde à rien; elle m'a égaré l'autre jour un de mes fuseaux. (*On frappe.*) Mais qui heurte à la porte?

MARIA.

Pédro, sans doute!

SCÈNE II

DOÑA IÑÈS.

Qu'y a-t-il, Pédro?

PÉDRO.

Une vieille paysanne du Guipuzcoa qui demande à parler à Doña Iñès ou à la señorita Maria.

DOÑA IÑÈS.

Et que me veut-elle?

STÉPHANIA.

Une aumône sans doute et l'hospitalité pour la nuit.

PÉDRO.

Excusez-moi.

DOÑA IÑÈS, *sans l'écouter*.

Eh bien! qu'on lui donne l'un et l'autre, mais je n'ai pas besoin de la voir.

PÉDRO.

Précisément elle ne veut rien qu'être reçue.

DOÑA IÑÈS.

Voilà une étrange imagination!

MARIA.

Elle est peut-être chargée de quelque message pour vous, Doña Iñès.

DOÑA IÑÈS.

C'est peu probable, je ne connais personne dans ce pays, quoique ce soit celui de ta mère et que j'y aie été nourrie. N'importe, contentons son envie; cette vieille nous divertira

sans doute un moment et le temps me dure terriblement depuis
que j'attends Madame ma mère.

STÉPHANIA.

C'est une excellente idée. Vous entendez, Pédro, vous pouvez
dire à cette femme que Doña Iñès daigne la recevoir.

PÉDRO.

J'y vais tout de suite. Elle est là assise sur le petit degré, qui
se chauffe au soleil comme un lézard de muraille.

DOÑA IÑÈS.

Bon! dépêche-toi.

SCÈNE III

LES MÊMES, MOINS PÉDRO.

DOÑA IÑÈS.

Qui sait? Maria; c'est peut-être une femme du village de ta
mère, ma défunte nourrice, voire même quelqu'un de sa famille.

MARIA.

Cela se pourrait. Enfin nous allons le savoir avant peu.

DOÑA IÑÈS.

Te connais-tu quelque parent en ce pays?

MARIA.

L'an dernier, un pèlerin venant du monastère de Santa-Fé
m'a conté qu'il ne me restait qu'une grand'tante vivant encore
dans une chaumière due à la générosité de Doña Mercédès.
Lorsque ma pauvre mère mourut presque subitement, il paraît
que c'est cette femme qui fut chargée de vous remettre aux
mains de vos nobles parents; j'étais avec vous, et la duchesse

ne voulut pas qu'on remportât dans son humble village la pauvre orpheline quasiment abandonnée.

DOÑA IÑÈS.

De la sorte, ta grand'tante connaît le chemin du château, et rien n'empêche qu'elle n'y soit revenue.

STÉPHANIA.

En tous cas, vous allez vous en assurer.

SCÈNE IV

LES MÊMES, PÉDRO, LA VIEILLE FEMME. Elle est entièrement enveloppée dans une grande cape et s'appuie sur un bâton.

PÉDRO, *parlant à la vieille.*

Entrez ici, ma bonne femme, et ne craignez pas.

LA VIEILLE, *d'un ton grave.*

A mon âge, on ne craint que Dieu et ses jugements; tu peux me laisser.

PÉDRO, *à Doña Iñès.*

Voilà la vieille femme du Guipuzcoa, Doña Iñès.

DOÑA IÑÈS.

C'est bien; retire-toi.

SCÈNE V

LES MÊMES, MOINS PÉDRO.

LA VIEILLE, *s'adressant à Maria.*

Salut, marquise de Santa-Cruz!

MARIA, *avec étonnement.*

Qu'est-ce à dire?

DOÑA IÑÈS.

Tu te méprends, femme; approche ici et dis-moi ce que tu demandes.

LA VIEILLE, *sèchement.*

Les vieilles gens se trompent rarement, jeune fille, et je ne demande rien.

DOÑA IÑÈS, *avec étonnement.*

Ouais!

STÉPHANIA, *à la vieille.*

Savez-vous à qui vous parlez?

LA VIEILLE, *sèchement.*

Je le sais peut-être mieux que vous, duègne.

DOÑA IÑÈS.

Le ton de cette femme est étrange; serait-elle folle?

STÉPHANIA.

C'est peut-être une sorcière! si j'allais chercher de l'eau bénite?

DOÑA IÑÈS, *avec impatience.*

Tenez-vous tranquille, Stéphania, je vais l'interroger.

STÉPHANIA, *insistant.*

Mais la prudence voudrait... il y a aussi des possédés du démon...

DOÑA IÑÈS, *avec impatience.*

Laissez-moi, vous dis-je!... (*A la vieille femme.*) Qu'es-tu venue faire en ce château qui est si éloigné de ton pays?

LA VIEILLE, *solennellement.*

Réparer une grande injustice sous le poids de laquelle je ne veux point paraître devant Dieu.

DOÑA IÑÈS.

Aurais-tu commis quelque larcin? et viens-tu accomplir une pénitence par ordre de ton confesseur?

LA VIEILLE, *d'un ton bref.*

Vous l'avez dit.

DOÑA IÑÈS.

Explique-toi. Mais d'abord de quel village du Guipuzcoa arrives-tu et quel est ton nom?

LA VIEILLE.

Je viens du village de Santa-Fé et je me nomme Catarina Montès.

DOÑA IÑÈS, *à Maria.*

Tu entends, Maria?

MARIA.

Catarina Montès! Mais alors vous êtes ma grand'tante.

CATARINA.

Peut-être... Tenez voilà un écrit sur parchemin que le Révérend Prieur du monastère de Santa-Fé m'a dit de remettre à la fille de la duchesse. (*Elle tend le parchemin à Maria.*) Voyez plutôt.

MARIA.

Encore une fois, adressez-vous à Doña Iñès; c'est elle qui est la fille de Madame la duchesse de Santa-Cruz; moi je ne suis que sa filleule. (*Elle passe l'écrit à Doña Iñès.*)

DOÑA IÑÈS.

Donne, Maria.

LA VIEILLE, *froidement.*

Elle peut le lire, celle que vous appelez Doña Iñès; l'écrit la concerne aussi.

TENEZ, VOILA UN ÉCRIT...

DOÑA INÈS, *avec impatience.*

Assurément, puisqu'il m'est adressé ! Voyons ! (*Elle lit.*)
« J'adjure Doña Inès de Santa-Cruz et sa gouvernante, à défaut
de Madame sa mère, absente pour le service du roi, d'ajouter
foi à ce que leur dira Catarina Montès qui vient remplir auprès
d'elles un devoir de conscience. » C'est bien. (*A Catarina.*) Je
suis prête à croire tout ce que tu me diras, Catarina ; mais
hâte-toi, car ma patience est à bout.

LA VIEILLE, *sévèrement.*

Vous en aurez pourtant grand besoin tout à l'heure pour
supporter la traverse que Dieu vous envoie.

DOÑA INÈS, *avec hauteur.*

Garde tes leçons ! Il ne te convient pas d'en donner à une
personne de mon rang, et dis-moi enfin ce qui t'a fait entreprendre à ton âge ce long et pénible voyage.

LA VIEILLE, *solennellement.*

Le remords !

DOÑA INÈS.

Quel crime as-tu commis ?

LA VIEILLE.

Je vous l'ai dit : un vol.

DOÑA INÈS.

Qu'as-tu volé ?

LA VIEILLE.

Le bien que vous estimez le plus après votre part du pa-
radis.

DOÑA INÈS, *ironiquement.*

Comment peux-tu savoir le bien que je mets le plus haut ?

LA VIEILLE.

Si vous croyez que je l'ignore, eh bien ! dites-le vous-même.

DOÑA IÑÈS, *fièrement.*

C'est le nom que je porte.

LA VIEILLE, *avec éclat.*

Eh bien, fille orgueilleuse, il ne t'appartient pas !

DOÑA IÑÈS, *avec colère.*

Qu'est-ce à dire, vieille insensée !

STÉPHANIA, *avec indignation.*

Chassez-la de votre présence, Doña Iñès; cette femme est folle.

MARIA.

C'est une pauvre innocente qui ne sait ce qu'elle dit.

LA VIEILLE.

Je ne suis ni folle ni idiote. Relisez plutôt la missive du Révérend Prieur.

DOÑA IÑÈS.

Il faut tout le respect que je lui dois pour ne l'avoir pas encore fait jeter hors de céans.

LA VIEILLE.

Prends garde d'en sortir toi-même comme une mendiante rebutée, si les nobles parents de Doña Maria s'avisent de venger sur ton chef le péché des tiens.

DOÑA IÑÈS, *avec colère.*

Perds-tu la tête, Catarina Montès?

STÉPHANIA.

Assurément !

MARIA.

Où veut-elle en venir?

STÉPHANIA.

N'importe, tant d'insolence ne se saurait souffrir, et j'admire, Doña Inès, que vous puissiez tolérer...

DOÑA INÈS, *se troublant.*

En vérité, je ne sais!... cette lettre du prieur!... le ton de cette vieille!... (*A Catarina qui est restée impassible.*) Explique-toi, femme, et dis ce qui est comme si Dieu lui-même... Allons, parle!

STÉPHANIA, *à doña Inès.*

Allez-vous écouter ces sornettes?

DOÑA INÈS, *avec agitation.*

Taisez-vous, Stéphania.

LA VIEILLE.

C'est toute une histoire, mais je la ferai brève, et pour toi et pour moi-même. Il y avait douze mois que Pépita Montès, ma nièce, te nourrissait de son lait, lorsqu'un mal inconnu et terrible la saisit en pleine santé et, en peu de jours, la mit en péril de perdre la vie. Sentant sa fin prochaine, elle se hâta de mettre son âme en paix puis, me faisant approcher de son lit, elle me dit : « Tante, lorsque je ne serai plus, tu prendras les deux enfants que j'ai nourries, la fille des Santa-Cruz et la mienne, et tu les porteras au château de la duchesse; tu lui remettras toi-même sa fille Inès et tu lui demanderas d'avoir pitié de ma petite Maria, car je sais que tu es trop pauvre pour l'élever. »

MARIA.

Triste souvenir! Pauvre mère!

LA VIEILLE.

Elle rendit ensuite son âme à Dieu, et aussitôt après l'avoir mise en terre sainte, je m'occupai de faire ce qu'elle m'avait recommandé. J'empruntai une mule bien docile et un cacolet à un de mes voisins, et ayant installé de mon mieux une enfant dans chaque panier, je me mis en chemin à la mi-avril, bien en peine d'entreprendre un pareil voyage.

DOÑA IÑÉS, *d'un ton bref.*

Après?

LA VIEILLE.

La route était longue et il est mal aisé de cheminer avec deux enfants en bas âge; je m'arrêtais donc souvent pour vaquer aux soins qu'il me fallait donner à ces petites et leur épargner la fatigue d'étapes trop prolongées. Je m'attachai bientôt à celle des deux enfants qui m'appartenait par les liens du sang, je la trouvais belle et déjà volontaire comme une petite reine et je me disais sans cesse : « C'est elle qui devrait être la fille de la duchesse et non pas l'autre! » Bientôt cette pensée inspirée par le démon ne me quitta plus; elle me hantait jour et nuit et me tenait plus au cœur à mesure que mon affection pour ma nièce augmentait. Enfin, quand j'approchai du château, je me décidai à présenter à la duchesse comme sa fille ma nièce Maria.

DOÑA IÑÉS.

Oh Ciel! (*Elle reste accablée.*)

MARIA.

Non, cela ne se peut.

STÉPHANIA.

C'est inouï, incroyable!

MARIA.

Impossible, voulez-vous dire.

STÉPHANIA, *avec agitation.*

Si nous consultions le Père chapelain?

MARIA.

Oui, envoyons-le chercher.

LA VIEILLE, *avec calme.*

Consultez qui vous voudrez; cela ne changera rien à ce qui est.

STÉPHANIA, *avec agitation.*

Mais, j'y songe! Il doit être absent jusqu'à ce soir. Que faire? Je suis toute troublée; ainsi il y aurait eu substitution! Qui pouvait imaginer pareille chose! Catarina, n'avez-vous rien à ajouter?

LA VIEILLE.

Rien. Ma confession est finie, ma pénitence accomplie; je n'ai plus qu'à regagner mon village.

STÉPHANIA.

Non, il convient de rester jusqu'au retour du Père Antonio. Vous dites vrai peut-être, mais j'exige qu'il vous entende à son tour, et d'ici là je ne veux pas vous perdre de vue.

LA VIEILLE, *avec indifférence.*

Comme il vous plaira: je ne suis pas pressée, et mes membres fatigués ont besoin de repos.

STÉPHANIA.

Tenez-vous à l'écart. (*La vieille va s'asseoir dans un coin.*) Tout cela est bien étrange! Ainsi Maria serait!... en vérité, la tête m'en fait mal sous mes coiffes! Est-il possible! Est-il possible!...

DOÑA INÉS, *sortant de son accablement, et d'un ton solennel.*

Oui, il est possible que Dieu me punisse par où j'ai péché! J'étais orgueilleuse, il me punit dans mon orgueil; que sa volonté soit faite.

STÉPHANIA, *sans l'écouter et se parlant à elle-même.*

Quoi! Doña Inès ne serait plus Doña Iñès et Maria deviendrait marquise? Quel retournement dans les choses de ce monde, pourtant!

DOÑA IÑÈS, *quittant son fauteuil.*

Maria, mettez-vous en cette place d'honneur qui n'est plus la mienne.

MARIA, *se défendant.*

Doña Iñès, excusez-moi, tout ceci me semble un rêve.

DOÑA IÑÈS, *impérieusement.*

Allons, je le veux.

STÉPHANIA.

Je le veux, je le veux! Il ne vous convient plus de parler de la sorte, si vraiment...

DOÑA IÑÈS.

Vous avez raison, mais il est singulier, Stéphania, que vous soyez la première à m'en avertir.

STÉPHANIA.

Il faut bien se conformer aux desseins de la Providence et s'il est dans ses intentions d'élever ceux qui se sont abaissés, ne résistons pas à sa sainte volonté, et pour vous, Maria, prenez ce fauteuil comme vous y engage Doña Iñès. (*Elle force doucement Maria à s'asseoir sur le fauteuil.*)

MARIA.

O Dieu! ma confusion est extrême! (*A Doña Inès.*) Vous l'exigez?

DOÑA IÑÈS.

Je vous en prie.

MARIA, *se relevant aussitôt.*

Ma chère Doña Iñès, ne soyez pas courroucée contre moi, je vous en conjure.

STÉPHANIA, *vivement.*

Et pourquoi cela? vous n'êtes pas fautive !

MARIA, *s'adressant toujours à Doña Iñès.*

Il y a là quelque erreur qui se démêlera par la suite.

DOÑA IÑÈS.

Il n'y a pas d'erreur, Doña Maria; mais le Ciel me préserve d'éprouver quelque jalousie contre vous. J'ai perdu d'un seul coup mon nom, mes biens, tout ce qui faisait ma vaine gloire; mais il me reste au moins un cœur placé haut, et je veux, s'il plaît à Dieu, le tenir au-dessus de ma présente fortune.

STÉPHANIA.

Vous auriez grand tort, Iñès, c'est le moyen de n'être jamais contente.

DOÑA IÑÈS, *fièrement.*

Je ne veux pas du bonheur au prix de la bassesse des sentiments.

STÉPHANIA, *d'un ton railleur.*

Toujours glorieuse !... il faudra pourtant songer à vous corriger.

MARIA, *d'un ton de reproche, à Stéphania.*

Stéphania, c'est bien mal à vous de parler à Doña Iñès comme vous le faites.

STÉPHANIA.

Elle m'a assez malmenée quand elle était grande dame.

MARIA.

Ce n'est pas à cette heure qu'il convient de s'en souvenir.

STÉPHANIA.

Ma foi! J'y pense bien, au contraire!

MARIA, *d'un ton de reproche.*

Oh! Stéphania !

STÉPHANIA, *s'animant.*

Que de mortifications! que de rebuffades ! Aujourd'hui encore, elle me traitait de mule d'Aragon, et que de jolis propos du même genre n'ai-je point entendus!

MARIA.

Vous les écoutiez trop doucement il y a encore peu d'instants pour avoir le droit de vous en plaindre bien fort à présent.

STÉPHANIA.

C'est que les circonstances sont changées.

MARIA.

Et avec les circonstances votre cœur, je le vois bien; mais c'est précisément ce qui me chagrine et me scandalise. Est-ce qu'une chrétienne devrait?...

DOÑA IÑÈS, *avec dédain.*

Laisse-la parler, Maria, elle me fait du bien.

STÉPHANIA, *aigrement.*

Qu'est-ce à dire?

DOÑA IÑÈS, *avec force.*

Oui, je trouve le rang que je perds moins regrettable, puisqu'il vous entoure de tels flatteurs !... Désormais, je n'entendrai plus de langues dorées et menteuses excuser mes torts, vanter mes défauts, encourager mes faiblesses.

STÉPHANIA, *ironiquement.*

La belle malice!

MARIA.

Ne répliquez pas, Stéphania, vous vous êtes bien attiré ces remarques qui vous blessent, et d'ailleurs vous m'affligeriez beaucoup en poursuivant un pareil débat.

STÉPHANIA.

Je vous obéis, Doña Maria, vous êtes un ange et le bon Dieu a bien fait de vous récompenser.

MARIA.

Allons! voilà que vous recommencez. Avez-vous déjà oublié les durs mais justes reproches de Doña Iñès qui vous accuse de complaisance et de flatterie?

STÉPHANIA, *avec humeur.*

Il n'y a plus de Doña Iñès.

MARIA, *affectueusement.*

Il y a toujours une sœur qui m'est bien chère. (*A Doña Iñès.*) Embrassez-moi, je vous en prie. Je me sens le cœur tout plein de trouble et de tristesse.

DOÑA IÑÈS, *l'embrassant.*

Volontiers, mais ne vous affligez pas pour moi et jouissez de ce qui vous appartient, comme vous en avez le droit.

MARIA, *tristement.*

Hélas! ces titres et ces honneurs vous convenaient bien mieux qu'à moi.

STÉPHANIA.

Pourquoi donc?

MARIA, *à Doña Iñès.*

Que ne puis-je vous les rendre!

DOÑA IÑÈS.

Cela ne se peut, Maria.

STÉPHANIA, *à Maria d'un ton flatteur.*

Vous verrez, chère marquise, comme on s'habitue vite aux bonnes choses.

MARIA.

Je n'ai pas besoin de m'habituer à ce que je ne veux pas conserver.

DOÑA IÑÈS.

Que voulez-vous dire ?

MARIA, *avec fermeté.*

Marquise de Santa-Cruz ou Maria Montès, je n'en serai pas moins une humble religieuse du Carmel, comme j'en ai fait le vœu dans mon âme.

DOÑA IÑÈS.

Vraiment, Doña Maria, j'admire votre constance ; mais il ne m'appartient pas de vous pousser à accomplir ce vœu, dont vous pouvez d'ailleurs vous faire relever par l'Église.

STÉPHANIA.

Il ferait beau voir maintenant que vous pensiez encore à donner suite à un pareil projet !

MARIA.

Plus le sacrifice est grand, plus il est agréable à Dieu, et je le remercie de m'avoir parée pour ses autels.

STÉPHANIA.

Et la duchesse votre mère ! pouvez-vous songer à la quitter alors qu'elle revient après une aussi longue absence ? (*La vieille se lève doucement et se rapproche de Doña Iñès.*)

DOÑA IÑÉS

Ciel!... Quel glaive m'a traversé le cœur!...

MARIA.

Qu'avez-vous, chère Iñès, vous pâlissez!...

DOÑA IÑÉS, *avec désespoir.*

Laisse-moi, laisse-moi!... O Seigneur! Dieu de miséricorde! Vous le savez! Quand vous m'avez ôté noblesse, fortune, titres et honneurs, je ne me suis pas plainte! mais ne pouvoir embrasser les genoux et recevoir la bénédiction de celle mère chérie que j'attendais avec tant de joie!... me dire que je n'ai plus de mère!

DOÑA MERCÉDÈS, *jetant sa cape et tendant les bras à sa fille.*

Embrasse-moi, mon enfant, ma fille! je ne puis prolonger davantage celle cruelle épreuve; à ce cri de ton cœur, mon cœur a répondu.

DOÑA IÑÉS, *avec joie.*

Ma mère!

DOÑA MERCÉDÈS, *avec émotion.*

Oui, tu as encore une mère pour te presser sur son cœur. (*Elles s'embrassent.*)

STÉPHANIA, *avec effroi.*

La duchesse !

MARIA, *avec joie.*

Doña Mercédès!

DOÑA MERCÉDÈS, *à Iñès.*

Ah! chère enfant! combien j'ai souhaité cet heureux moment pendant mon long exil !

DOÑA IÑÉS.

Et moi, que de prières j'ai adressées au Ciel pour qu'il vous rendît à mon amour!

DOÑA MERCÉDÈS.

Pourquoi ai-je été obligée de mêler des épines cruelles aux fleurs de notre joie!

DOÑA IÑÈS.

N'importe, tout est oublié.

DOÑA MERCÉDÈS, *gravement.*

Non, il faut se souvenir au contraire de cette épreuve douloureuse; ce n'est pas sans raison que je te l'ai imposée. Le mal était grand, ma fille; cachée dans cet oratoire... (*Elle désigne la porte de l'oratoire.*)

STÉPHANIA, *avec effroi.*

Sainte Madone! c'était bien la duchesse!

DOÑA MERCÉDÈS.

J'avais entendu tes propos, observé ton maintien; je savais quel poison subtil d'orgueil une mauvaise éducation avait développé en toi. Il m'a fallu, comme les médecins en temps de guerre, porter le fer et le feu sur la plaie de ton âme pour la purifier et la guérir d'un seul coup.

DOÑA IÑÈS.

Et vous l'avez opérée, cette cure merveilleuse! je me sens guérie comme par miracle!

DOÑA MERCÉDÈS.

Je voulais aussi te montrer le néant des gloires humaines.

DOÑA IÑÈS.

Je l'ai mesuré.

DOÑA MERCÉDÈS.

Notre destinée dans la main de Dieu!

DOÑA IÑÉS.

Je me suis inclinée sous cette main.

DOÑA MERCÉDÈS.

Et enfin, démasquer à tes yeux jeunes et confiants les mensonges de l'adulation.

DOÑA IÑÉS.

J'ai compris, ma mère, ce que valent les flatteurs !

DOÑA MERCÉDÈS.

Ils ne valent rien... (*Se tournant d'un air sévère et irrité du côté de Stéphania*) et seront châtiés dans ce monde et dans l'autre !... Sais-tu de qui je parle, Stéphania ?

STÉPHANIA, *d'un ton suppliant.*

Miséricorde ! Madame la duchesse.

DOÑA MERCÉDÈS.

Tu mériterais d'aller tenir les clefs de la tour Mayor, ce vieux nid de ma famille situé dans une des gorges les plus sombres des Pyrénées.

STÉPHANIA, *avec effroi.*

Seigneur Dieu !

DOÑA MERCÉDÈS.

Oui, j'ai bonne envie de t'y envoyer ! Au moins je serai sûre que tu ne corrompras pas, par tes basses flatteries, les chouettes et les chauves-souris qui en font leur demeure.

STÉPHANIA, *d'un ton lamentable.*

Hélas ! madame ma bonne maîtresse ne veut pas la mort de sa vieille servante ?

DOÑA MERCÉDÈS.

Assurément, mais la tour Mayor est en très bon air, et quoiqu'elle ne soit point habitée...

STÉPHANIA, *avec désespoir.*

Madame la duchesse, cette tour est hantée par toute une légion de revenants, je le tiens pour certain, et si Son Excellence veut se débarrasser de la pauvre Stéphania, il vaut mieux qu'elle la fasse jeter dans les oubliettes du château tout de suite.

DOÑA MERCÉDÈS, *sévèrement.*

Ce sont les mauvaises consciences et non les donjons qui sont hantés!

STÉPHANIA, *pleurant.*

Mon Dieu! c'en est fait de moi!

MARIA, *bas à Doña Inès.*

Doña Inès, ne demanderez-vous pas la grâce de cette pauvre Stéphania?

DOÑA INÈS.

Si fait, c'est bien mon intention. (*A Doña Mercédès.*) Madame ma très chère mère, voulez-vous m'octroyer une faveur comme don de joyeuse arrivée?

DOÑA MERCÉDÈS.

Volontiers, ma fille; de quoi s'agit-il?·

DOÑA INÈS.

Pardonnez à cette pauvre Stéphania; la tâche était peut-être au-dessus de ses forces, et je la lui ai rendue bien difficile.

STÉPHANIA, *avec élan.*

Dieu vous récompense, Doña Inès, pour votre magnanimité!

DOÑA INÈS, *à Doña Mercédès.*

Eh bien, Madame, puis-je espérer?

DOÑA MERCÉDÈS.

Oui, ma fille, je t'accorde ta première demande. (*A Sté-phania.*) Au nom de notre Sauveur, Stéphania, je te par-donne, mais que cela ne te dispense pas de faire pénitence.

STÉPHANIA, *avec joie.*

Madame la duchesse, je jeûnerai au pain et à l'eau ce pro-chain carême et je dirai chaque soir quelque oraison...

DOÑA MERCÉDÈS, *en souriant.*

Les litanies des saints, Stéphania, c'est la prière qui te convient le mieux selon nous. (*Se tournant vers Maria.*) Allons, à ton tour, Maria, ma mignonne.

MARIA.

Madame la duchesse! (*Elle baise la main de doña Mer-cédès.*)

DOÑA MERCÉDÈS.

Je t'ai à peine vue encore. Que te voilà grande et de belle mine! Es-tu aise de mon retour?

MARIA.

Ah! ma bonne marraine, plus que je ne puis le dire!

DOÑA MERCÉDÈS.

Et tout à l'heure, mon enfant, tu n'as pas cru que je me servais de toi seulement comme d'un instrument utile à mes projets.

MARIA.

Me préserve le Ciel de douter jamais de votre bonté, même alors que je ne puis pénétrer vos desseins.

DOÑA MERCÉDÈS, *d'un ton imposant.*

Tu fais bien d'avoir confiance en moi. Outre que je te dois justice et protection comme à tous mes vassaux, n'es-tu pas ma fille devant le saint baptême ? Or donc, Maria, j'ai voulu tantôt non me jouer de toi, mais éprouver ta vocation. Je sais maintenant que tu es prête à quitter le siècle sans regret et, foi de grande d'Espagne, je m'emploierai à contenter ta pieuse envie.

MARIA.

Ah ! merci, Madame la duchesse ; vous me comblez de joie.

SCÈNE VI

LES MÊMES, PÉDRO.

PÉDRO.

Pardon, Madame la duchesse ; ce sont tous les vassaux qui arrivent au château, les anciens en tête ; hommes, femmes et enfants, ils sont tous réunis dans la cour d'honneur pour souhaiter la bienvenue à leur dame et maîtresse.

DOÑA MERCÉDÉS.

Ah ! ces braves gens ! je suis joyeuse de les revoir. Qu'on ouvre la fenêtre toute grande. (*Stéphania ouvre la fenêtre.*)

VOIX CONFUSES, *à la cantonade.*

Noël ! Noël ! Longue vie à notre dame !

DOÑA MERCÉDÉS, *à Pédro.*

Pédro, prends cette escarcelle, elle est remplie de piécettes, et jette-les comme si tu semais du blé.

PÉDRO.

Oui, madame. (*Il crie :*) Largesse, largesse ! (*Il jette les piécettes à la foule rassemblée sous les fenêtres.*)

DOÑA MERCÉDÈS, *regardant au dehors.*

Je reconnais le vieux Pétruccio; c'est lui qui me reçut à l'entrée du village quand j'arrivai ici après mes noces. (*A Pédro.*) Et sa femme?

PÉDRO.

Elle est morte l'an passé, Madame.

DOÑA MERCÉDÈS.

Pauvre Gita, Dieu ait son âme! N'est-ce pas Martha que j'aperçois là-bas sous le porche de la chapelle?

PÉDRO.

C'est elle, en vérité, et elle sera tout heureuse quand elle saura que Madame l'a reconnue.

DOÑA MERCÉDÈS.

J'en reconnais d'autres encore.

LES VASSAUX, *à la cantonade.*

Noël! Noël! Salut à notre dame et bonne maîtresse!

STÉPHANIA, *d'un ton flatteur.*

Ils sont tous en grande liesse de l'arrivée de Madame la duchesse.

DOÑA MERCÉDÈS, *à Pédro.*

Qu'on ouvre les prisons du château : je veux que ceux qui y sont enfermés pour délits de chasse ou manque à la corvée puissent se réjouir et boire à notre santé.

LES VASSAUX, *à la cantonade.*

Vive la duchesse! Vive les Santa-Cruz!

DONA IŃÈS, *s'approchant de la fenêtre.*

Mon Dieu, que tous ces pauvres gens ont l'air content!

DONA MERCÉDÈS.

Tu le vois, mon enfant, il est doux d'être aimé.

FIN DU SECOND ET DERNIER ACTE

TABLE

FIN DE LA TABLE

BOURLOTON. — Imprimeries réunies, B.

www.ingramcontent.com/pod-product-compliance
Lightning Source LLC
Chambersburg PA
CBHW070402090426
42733CB00009B/1506